Le Livre de Poche Jeunesse

PROMENADE PAR TEMPS DE GUERRE

ANNE-MARIE POL

PROMENADE PAR TEMPS DE GUERRE

Pour mon grand-père,
Henri Pol, chef d'escadron d'artillerie coloniale, ancien élève de l'École Polytechnique, mort pour la France le 9 octobre 1915, à la Main de Massiges, en Champagne.
Pour ses camarades, tombés avec lui, ce jour-là.
Et pour tous ceux qui attendirent leur retour.
Très longtemps.

En souvenir, aussi, d'un enfant de la Grande Guerre, mon père, le général d'infanterie de marine, Jacques Pol (1914-2010), présent à chaque page de cette histoire...

A.-M. P.

1

Mi-octobre 1918 : les gothas et la liberté

Victor a froid.

En renversant un peu l'écuelle, il essaie de racler, avec la cuiller, ce qu'il reste de soupe chaude, au fond. Et il mâche, à grands coups de dents, la dernière bouchée de son morceau de pain.

Les autres garçons mâchent et raclent, eux aussi. Ce bruit monotone couvre presque la voix de sœur Saint-Ange de la Croix. Elle leur lit la vie de sainte Blandine. Mais aucun des garçons ne l'écoute.

L'ombre du soir entre par les meurtrières qui crèvent les hauts murs du réfectoire. Une ombre grise, opaque. Elle noie, peu à peu, le visage penché de Victor, ceux de ses camarades, autour de lui, comme si elle cherchait à effacer leurs crânes rasés, leurs joues pâles, leurs sarraus gris, leurs mains violacées.

Un claquement bref, feutré : sœur Saint-Ange de la Croix referme son livre. Le souper est fini. Les garçons se mettent debout. Leurs grosses galoches heurtent le pavé. Ils repoussent leurs bancs. Ils se croisent les bras.

« Merci, mon Dieu, pour ce repas que nous venons de prendre, dit sœur Saint-Ange de la Croix.

— Merci, mon Dieu, répètent Victor et les autres, dociles.

— Mon Dieu, accordez la victoire à la France. »

Victor bat des paupières, ébloui par une brusque lumière : « La victoire ? est-ce que ça existe, la victoire, avec cette guerre qui n'en finit pas ? »

« Mon Dieu, sauvez la France.

— Mon Dieu, sauvez la France. »

Et ils se mettent tous en rang pour monter au dortoir.

Dans l'escalier de l'hospice, humide, désert, l'on n'entend que le martèlement des galoches, monotone, impatient. On dirait un roulement de tambour.

Au dortoir, il fait presque nuit. Il n'y a pas de rideaux aux fenêtres, ni lumière. Il fait encore plus froid qu'au réfectoire. Victor y est habitué. C'est la guerre. C'est toujours comme ça pendant les guerres, on a faim, on a froid. C'est normal.

« Que Dieu vous protège, dit la sœur, dormez bien, les enfants. »

« Les enfants ? » Victor se retourne : il n'est plus un enfant, lui, il vient d'avoir quatorze ans. Mais peut-être que la sœur en est restée à l'époque où il est arrivé, quatre ans plus tôt. Il était encore petit, c'est vrai... ou bien, peut-être qu'elle parle pour ceux de six ou huit ans ? Ils lui tendent les bras, parfois. Ils réclament un baiser. « Les enfants... » Est-on encore un enfant lorsqu'un hospice est votre maison ?

Dans la pénombre, les garçons gagnent leurs lits, rangés côte à côte. Il y en a une vingtaine. Ils y dorment à deux, tête-bêche.

Au début de la guerre, chacun avait son lit. Mais maintenant... c'est normal, ça aussi. Pendant les guerres, il y a de plus en plus d'orphelins, de fils de disparus : il faut bien les mettre quelque part.

Victor s'assoit. La ferraille du sommier grince. Victor fait tomber ses galoches, l'une après l'autre. Et puis, il ôte son sarrau. Il n'a pas le courage d'enlever ses habits : il fait trop froid. Il se recroqueville sous la couverture grise, rêche.

Marcel Dupin se couche : c'est son compagnon de lit. Oh, il ne prend pas beaucoup de place. Il est petit pour ses douze ans. Et il a froid, lui aussi. Ses pieds cherchent ceux de Victor. D'une détente de la jambe, Victor le repousse : il n'aime pas Marcel Dupin. Il ne l'aime pas depuis ce jour où Dupin lui a crié : « Orphelin, t'es qu'un orphelin comme les autres ! »

Les yeux clos, les dents serrées, Victor murmure :

« Je ne suis pas orphelin...

— Qu'est-ce que tu racontes ? chuchote Dupin.

— Rien. »

Et Victor tire la couverture au-dessus de sa tête.

« Hé, laisse-m'en un peu ! »

D'un coup sec, Dupin arrache la couverture. Victor se redresse : il va frapper Dupin. Dans la demi-obscurité, il le voit qui cache son visage de son bras replié.

Victor hausse les épaules. Il s'allonge à nouveau, sa colère est tombée, peut-être parce qu'il s'est dit que Marcel Dupin n'a pas de chance ? Il est orphelin, lui, pour de vrai.

« Mais moi, j'ai encore un père. Il est vivant... quelque part.

— Qu'est-ce que tu dis, Victor ? »

Victor fait semblant de ne pas entendre le chuchotis de Marcel Dupin. Il fait semblant de ne pas sentir ses deux pieds qui se faufilent, furtifs, vers les siens. Il serre les paupières, aussi fort qu'il peut. Il veut dormir... dormir... comme si le sommeil pouvait le ramener en arrière... vers la vie d'avant... vers la vie d'avant... quand il n'y avait pas de guerre.

« Mais peut-être que c'est la guerre... depuis toujours... depuis tout le temps... et qu'elle ne s'arrêtera jamais. »

Cette idée vient à Victor, de plus en plus souvent. Elle lui fait peur.

« Pourtant, la guerre a commencé un jour... je le sais... »

Le ciel et la route sont blancs, dans la chaleur du mois d'août. Les sabots du cheval soulèvent de la poussière. La roulotte cahote. Victor est assis près de son père qui tient les guides, d'une main. Et Victor chasse les mouches, de grosses mouches noires et lourdes, d'un grand mouvement de bras.

Tout à coup, une cloche sonne, loin, là-bas. Au clocher du village où ils vont donner une représentation, ce soir.

La main du père se crispe sur les guides. Le cheval s'arrête. La cloche sonne toujours.

« Le tocsin, dit le père.

— Le tocsin ? »

Victor ne connaît pas ce mot.

« Le tocsin... ça veut dire... le tocsin, c'est... le tocsin, ça veut dire que c'est la guerre. »

Et il se tait. Victor regarde son père avec de grands yeux. Il ne comprend pas. Et le tocsin sonne toujours, comme s'il ne devait jamais s'arrêter.

La guerre est comme ça : elle surgit brusquement dans la vie des gens, sur un coup de cloche. Et peut-être bien qu'elle change tout. Pour toujours ?

Ce soir-là, il n'y a pas eu de représentation.

Comme elle sonne, cette cloche !

Victor sursaute. Il s'était endormi. Dans la nuit, l'ombre de sœur Saint-Ange de la Croix bouge sur le mur. Elle tient un bout de chandelle.

« Debout ! Debout, les enfants ! C'est l'alerte ! »

Ils se lèvent tous, ensommeillés, effrayés.

« C'est un rêve, dis, Victor ? » demande Marcel Dupin.

Victor ne répond pas. La sœur pousse devant elle les plus petits qui pleurnichent.

Victor remet ses galoches, à la hâte.

« Les gothas !... Ce sont les gothas ! »

La sœur ne peut pas retenir ce cri. Victor lève la tête : les gothas ! Les bombardiers allemands !

Un bourdonnement bizarre enveloppe l'hospice, comme si un essaim de monstrueux insectes venait voltiger autour de lui. Victor connaît ce bruit. Il le connaît par cœur : la ville a été bombardée souvent.

Il ne faut pas avoir peur. Il suffit de retenir sa respiration, de fermer les yeux. D'attendre que ça passe.

« Dépêchez-vous ! »

Les murs vibrent.

Ils descendent en désordre dans l'escalier. Ils trébuchent dans le noir, en suivant la pauvre lumière que brandit sœur Saint-Ange de la Croix.

Et la cloche sonne, sonne. Victor se bouche les oreilles. Soudain, mille éclairs éclatent, explosent, illuminent la nuit noire, comme les pétards d'une fête. Victor voit la lourde porte d'entrée crever comme un cerceau de papier, il voit des flammes se jeter à l'intérieur de l'hospice. Il voit vaciller les piliers du vestibule. Il voit s'écrouler, derrière lui, les marches de l'escalier. Pareils à des quilles fauchées par la boule, il voit tomber ses camarades, les uns sur les autres, la bouche ouverte, avec de drôles de gestes. Il voit sœur Saint-Ange de la Croix lâcher la chandelle et glisser, lentement, très lentement, le dos contre le mur. Il entend des cris, des cris de bêtes, mais ce sont ses camarades qui les poussent.

Alors, il part en avant, les bras tendus vers la nuit mouvante et colorée du dehors. Et les hurlements qu'il entend, maintenant, ce sont les siens.

Il court et il crie. Il court dans la grand-rue de la petite ville. Il court et il crie.

Autour de lui, les maisons noires sont éclaboussées par la lumière du feu. Des gens en sortent en courant. Il entend leurs mots incompréhensibles, leurs mots inarticulés, et quelqu'un qui appelle : « Victor... Victor... » mais ça, il sait que ce n'est pas vrai. Il ne se retourne pas. Il ne faut pas qu'il se retourne. Il faut qu'il coure. Qu'il coure ! Même si ses jambes sont raides, comme dans les cauchemars.

Au bout de la rue, il aperçoit la masse lourde de l'église, à moitié éboulée depuis un précédent bombardement, il y a au moins six mois. Victor se précipite vers l'église.

Il bute sur les moellons effondrés. Il se glisse à l'intérieur. Par le trou béant du toit entre un peu du ciel noir. Un ciel tranquille.

« “Ils”sont partis ! »

Victor tombe assis sur une chaise. Il n’y voit pas grand-chose, à part une petite lueur qui brille du côté de l’autel : celle d’une lampe à huile.

Et tout à coup, il se met à trembler, trembler comme il n’a jamais tremblé de sa vie. Il serre ses deux bras autour de lui, mais cela ne l’empêche pas de trembler. Ses dents claquent. Il ferme les yeux. Il s’allonge par terre, les jambes repliées sous lui. Il entend appeler encore : « Victor... Victor... » d’une voix pleine de larmes. Alors, il ne se retient plus de pleurer, mais c’est parce que personne ne le voit.

L’écho grêle d’une cloche éveille Victor. Il sursaute avec une telle frayeur qu’une chaise se renverse derrière lui. Le curé qui monte à l’autel ne l’entend pas. L’enfant de chœur non plus. C’est lui qui agite la cloche.

Le jour qui se lève verse par le toit une clarté pâle. Quelques fidèles se pressent au premier rang. Victor s’assoit, tant bien que mal. Il est courbatu par le froid. Il souffle dans ses doigts.

Tout un pan de l’église n’est que ruines, pourtant, le père dit la messe comme si de rien n’était. Il chuchote, en latin.

« C'est drôle, pendant la guerre, ou on crie ou on chuchote. »

Et Victor réussit à se mettre debout : ses jambes nues sont deux bâtons glacés.

« Comment je vais arriver à marcher jusqu'à l'hospice ? »

L'hospice... Une nausée lui brûle l'estomac. L'hospice... Il n'y a plus d'hospice. Et sœur Saint-Ange de la Croix, et Marcel Dupin, et les autres, tous les autres, que sont-ils devenus ?

Victor retombe assis sur sa chaise :

« Et moi, dans tout ça ? Si on me ramasse, on m'enverra dans un autre hospice, c'est sûr. »

On les expédie de droite et de gauche, les « orphelins », sans leur demander leur avis.

« Et Papa ne saura plus où écrire... »

Son père a écrit à Victor, jusqu'au mois de mai, l'année dernière... et puis, il s'est arrêté. On a dit à Victor qu'il avait « disparu »...

« Mais il n'est pas mort, ça, c'est sûr ! »

Victor se répète cette phrase, au moins vingt fois par jour. Elle lui permet de tout supporter. Et la faim, et le froid, et les bruits effrayants de la nuit. Et les autres, aussi. Les autres enfants qui ne veulent pas croire que son père à lui est vivant.

Victor se lève soudain.

« Je vais aller retrouver Papa... N'importe comment, mais je vais le retrouver. »

Et à l'idée des bras de son père autour de lui, cela lui semble très facile.

Ses galoches font résonner les dalles. Une tête se retourne : celle d'une vieille femme, sous sa mantille. Victor se glisse derrière un pilier :

« Si elle reconnaît mon uniforme... »

Il ne bouge plus.

La vieille se replonge dans son missel.

À la gauche de l'autel, au bout de l'allée, la sacristie est entrouverte. Victor y va sur la pointe des pieds.

« Prions, mes frères, dit la voix triste de M. le curé, prions pour ceux qui sont tombés cette nuit, pour ceux qui tomberont aujourd'hui. Prions pour les disparus... »

Le cœur de Victor se serre. Cela lui fait presque mal.

« Prions pour la Victoire... »

La Victoire... C'est drôle, on dirait un de ces oiseaux aux mille couleurs que les chevaliers ont mission de capturer, dans les livres d'images. Mais y parviennent-ils quelquefois ?

Et Victor se faufile dans la sacristie. Pour mieux se cacher, peut-être ?

La pièce étroite sent le vieux champignon, l'encens refroidi et...

« J'ai faim. »

Les narines de Victor se dilatent : cela sent bon, aussi.

Sur une table, on a posé un bol, recouvert d'une assiette. Victor la soulève : le bol est plein à ras bord de café au lait où nagent des cubes de pain noir.

« Le petit déjeuner de M. le curé... »

Il le prend après la messe. Le liquide brûlant fume. Victor jette un regard furtif à la porte : rien ne bouge. Il n'entend que le murmure sourd des répons. Victor pose l'assiette. Il empoigne le bol, il avale le café au lait, goulûment. Il n'en a jamais bu. À l'hospice, on leur donne un reste de soupe, le matin. Une brusque chaleur lui passe à travers le corps. Il prend le pain détrempé, à pleines mains. Il se l'enfourne dans la bouche.

Le pépiement d'un oiseau le fait sursauter. Il est perché sur le rebord de la fenêtre aux carreaux brisés.

Victor tire une chaise près de l'ouverture. Il y grimpe. L'oiseau s'envole. Victor regarde au-dehors. La fenêtre de la sacristie donne sur un grand jardin en friche, autour d'un trou d'obus.

Victor n'hésite pas. « Je ne vais pas traverser

l'église après avoir bu le café de M. le curé... » Et puis, la pèlerine de l'enfant de chœur qui traîne sur le dossier... il l'attrape !

Et il enjambe la fenêtre. Il saute. Il se reçoit accroupi dans l'herbe mouillée du jardin.

Il se redresse avec peine. Il a les jambes très lourdes, tout d'un coup. Il jette la pèlerine sur ses épaules. Il n'entend rien que les coups sourds de son cœur.

Eh bien, oui, il a volé. Et alors ? Il ne pouvait pas faire autrement.

Il part, sans se retourner.

Il voudrait se perdre parmi les buissons du jardin abandonné, saccagé par la guerre.

Il s'enfonce jusqu'aux chevilles dans l'épaisseur des feuilles mortes. Les broussailles emmêlées ressemblent à des chevelures mal peignées qui traîneraient par terre.

« C'est drôle... »

Il s'arrête, une minute, entre les arbres.

Tout seul dans le monde clos du jardin, il a l'impression que le bombardement a eu lieu il y a longtemps... très longtemps... dans une autre vie, peut-être ? Une vie où il était prisonnier d'un hospice... et maintenant...

Victor prononce ces mots tout haut, avec étonnement.

« Maintenant, je suis libre. »

Et son cœur se met à cogner contre ses côtes avec une telle force que Victor garde les lèvres entrouvertes, comme ceux qui ont couru trop longtemps. Et il tombe à genoux dans les feuilles, parce que son sang brûle, partout dans son corps. Ses oreilles bourdonnent.

Il se jette, la face en avant, dans l'épaisseur putride et si douce des feuilles mortes. Il ne bouge plus. Son cœur bat contre la terre et c'est comme si le cœur de la terre lui répondait.

Il reste là longtemps. Il ne pense plus à rien.

2

Dans la belle maison morte

C'est une chanson... une petite chanson qu'une femme fredonne, la bouche fermée. La chanson se faufile sous les arbres, tout le long du jardin, jusqu'à Victor...

Il relève la tête.

Et si on le voit ? Si on l'attrape ?

Victor reste immobile comme une pierre au creux de son abri de feuilles. Et la femme continue à fredonner. Elle n'est pas très loin.

Victor se relève, doucement. Il faut partir. Le jardin n'est qu'un refuge illusoire. Victor se glisse, de buisson en buisson. Il écoute les sons ténus de la chanson. Et puis, il ne bouge plus, à croupetons derrière les débris d'un massif.

La femme est penchée en avant. À petits coups de binette, elle déterre des topinambours. Elle les jette dans une brouette. De temps en temps, elle se redresse, elle remonte dans son chignon gris avachi une épingle ou deux, en jetant un coup d'œil aux ruines de la maison. Il n'en reste que les murs noircis. Et le perron arrondi que la mousse verdit :

« Cette baraque... elle a pris au début de la guerre...

« Et il n'y a eu personne pour la remettre debout... Où sont partis ses habitants ? Ils sont tous morts peut-être ? »

Victor épie la femme : au fond, elle n'est pas tranquille. Elle lance autour d'elle des regards furtifs. Peut-être a-t-elle entendu craquer les feuilles ? Peut-être a-t-elle peur de cette maison dont les fenêtres s'ouvrent sur du vide, pareilles à des yeux d'aveugle ?

Soudain, elle jette sa binette dans la brouette qu'elle empoigne. Elle part à pas pressés vers le portail entrouvert, face aux ruines.

Quand elle le franchit, dans le grincement monocorde de la brouette, Victor a un soupir de soulagement.

« Drôle de bonne femme qui vient récolter chez les autres... »

Et si c'était comme ça pendant les guerres ? Ce qui a été saccagé appartient à tout le monde... parce que tout le monde souffre de la même manière. Alors, cette femme, elle est chez elle dans ce jardin, autant que ceux qui y sont morts. Elle est chez elle, comme Victor est chez lui.

Il se sent tout ankylosé. Et il faut partir. Même s'il ne sait pas très bien où.

« Père... »

Il a, dans sa bouche, un goût salé de larmes.

« Père...

« Père, où te retrouver ? Où es-tu parti ? Pourquoi m'as-tu laissé ? Père, où es-tu ? »

Victor a froid. « Père... »

Voilà un an et demi qu'il n'écrit plus...

« Père... un an, c'est tellement long, tu ne trouves pas ? Mais peut-être que le temps ne passe pas pareil pour les soldats et pour les autres... ceux qui les attendent ? Père... »

Voilà un an et demi qu'il n'écrit plus...

L'année passée, la ville était zone d'étape. Les soldats s'y arrêtaient, avant de monter en ligne... De l'hospice, on entendait les sabots des chevaux dans la rue, des hennissements, des ordres jetés d'une voix brève, le piétinement des fantassins...

Victor courait aux fenêtres, avec les autres, pour voir passer ceux qui allaient se battre. Quelquefois, il reconnaissait son père. Il appelait : « Papa ! » Ce n'était jamais lui.

Maintenant, dans la ville, il n'y a plus personne à qui demander s'il le connaît.

Depuis l'été, le Front recule. On les fiche dehors, les Boches. Ils repartent vers l'est, pas à pas. Et les Français refluent derrière eux.

Victor s'en va, à travers le jardin, vers les hautes grilles qui le défendent et qui ne servent plus à rien.

Il pousse doucement le portail. Il va le franchir lorsqu'il entend un bruit de sabots. Les fers des chevaux sonnent clair sur les pavés de la rue. Victor se jette dans un fourré. À travers les branches, il reconnaît les képis de deux gendarmes. Ces hommes parlent fort :

« "Ils" ont voulu toucher la voie ferrée...

— Et c'est l'hospice qui a morflé...

— Tous ces pauvres gamins... »

Victor retient son souffle. Il ne peut pas s'empêcher de penser à Dupin. Il n'avait vraiment pas de chance, celui-là...

Les chevaux renâclent. L'un d'eux hennit tout à coup comme s'il laissait échapper un petit rire. Victor sourit, vaguement : « La voie ferrée... » Il a une petite idée.

Il regarde s'éloigner les gendarmes. Les lourdes croupes des chevaux se balancent.

« Psitt ! »

Victor sursaute.

« Psitt ! »

Victor a la gorge sèche, tout à coup.

« Psitt ! »

Quelqu'un l'appelle, c'est sûr !

Il jette un regard craintif vers la maison. C'est de là que vient ce :

« Psitt ! »

Encore ? Doit-il s'enfuir à toutes jambes hors du jardin ou ne plus bouger ? Soudain, Victor a peur de cette maison que la guerre a renversée d'un revers de main... Il se souvient d'histoires de fantômes, de revenants... Elles sont peut-être vraies, après tout ?

« Psitt ! Victor... Victor... »

Victor saute sur ses pieds. Les fantômes ne sortent pas en plein jour ! Les fantômes ne savent pas son nom !

Victor s'élance vers la maison. Arrivé devant le perron, il s'arrête, brusquement. En vérité, il est incapable d'aller plus loin.

« Hep ! Victor ! j'suis là ! »

Une ombre frêle se détache un instant des murs, pour s'y cacher aussitôt.

« Ce n'est pas possible, j'ai la berlue, moi. »

Et Victor interroge, hésitant :

« C'est toi, Dupin ?

— Ben oui, c'est moi, alors, tu radines ? »

Une joie imprévue dilate le cœur de Victor. Il n'aime pas Dupin, ah ! ça non, il ne l'aime pas, mais il est tout de même bien content de le savoir vivant...

Il gravit les marches glissantes du perron. Il entre dans ce qui était autrefois un vestibule : le dallage noir et blanc est arraché, retourné, labouré. Et la blanche lumière d'automne s'engouffre dans la maison décapitée. De l'escalier, il ne reste qu'un amas de marches enchevêtrées.

Quand Marcel Dupin lui pose une main sur l'épaule, Victor tressaille.

Et puis, ils se regardent, tous les deux. Ils ne trouvent rien à se dire. Une longue estafilade brune marque la figure de Dupin. Du sang séché. Dupin finit par murmurer :

« Tu parles d'un feu d'artifice, hier soir ! »

Victor hoche la tête. Il se tait.

« Et dire qu'on n'a même pas eu le temps de se planquer à la cave, comme les autres fois ! »

Les yeux clairs de Dupin sont écarquillés. Ils sont pleins, encore, de toutes les images chaotiques de la nuit.

« Qu'est-ce que tu fiches ici ? demande Victor.

— J'sais pas... J'ai couru derrière toi, hier soir... j't'appelais... tu répondais pas... j't'ai plus vu... et puis, j'sais pas comment, j'me suis retrouvé ici... »

Il renifle. Il s'essuie le nez d'un revers de main. Et alors, il s'assoit par terre, à l'angle d'un mur.

« Remarque, Victor... C'est pas mal, ici, c'est rupin.

— Tu parles... »

Victor s'assoit par terre, lui aussi.

« Dis donc, Dupin ? T'es en chaussettes !

— Si tu crois que j'ai eu le temps d'enfiler mes godasses avant de partir ! »

Victor éclate de rire. Un rire incongru qui lui met des larmes dans les yeux.

« J'ai pas de pot, remarque Dupin, moi qui ai toujours froid aux pieds !

— Ça... pour pas avoir de pot, tu n'as pas de pot ! »

Et ils se taisent, tous les deux. Dans le silence, Dupin renifle un bon coup.

D'un doigt que la suie a noirci, il désigne la pèlerine :

« Dis donc, Victor, d'où tu tires ça ? »

Victor hausse les épaules. Il n'a pas envie de parler.

Ce n'est pas le cas de Dupin :

« Dis donc, Victor, qu'est-ce que tu vas faire ?
— Quoi, qu'est-ce que je vais faire ?
— Ben, maintenant... t'as bien une idée ?
— J'ai pas d'idée.
— Mais si, j'suis sûr que t'en as une.
— Pourquoi tu dis ça ? »

Victor fronce les sourcils.

« J'dis ça parce que je sais que tu retourneras pas à l'hospice.
— De toute façon, Dupin, il n'y a plus d'hospice.
— Ici, peut-être que non, dit Dupin à voix basse, mais autre part ? Tu sais bien qu'il y en a, autre part. »

Victor resserre la pèlerine autour de lui. C'est vrai qu'il y a des hospices, ailleurs. Les hospices poussent un peu partout pendant les guerres.

« Ici ou ailleurs, tu as raison, Dupin, je ne retournerai pas à l'hospice.
— Moi non plus, j'veux pas retourner à l'hospice.
— Où veux-tu aller ?
— J'sais pas.
— Tu n'as pas de famille : il ne te reste que l'hospice. »

Marcel Dupin recroqueville sous lui ses jambes

maigres, aux chaussettes rayées, toutes plâtrées de boue :

« Ben, comme toi. Toi non plus, t'as pas de famille.

— Moi, j'ai une famille. »

Les poings de Victor se crispent.

« T'as plus de mère et ton père est mort, alors...

— Mon père n'est pas mort, je te l'ai déjà dit. Il est "disparu".

— "Disparu" ou mort, c'est du pareil au même. »

Victor crie :

« Pas du tout !

— Bien sûr que oui ! On dit ça quand on n'ose pas vous dire : "Vot'père est mort." Voilà tout !

— Tu vas fermer ta gueule ? »

Victor se met debout. Il a mal au cœur. Et ses deux poings partent, à travers la figure de Marcel Dupin, qui ne bouge pas. Un lent filet de sang lui coule du nez, lui entre dans la bouche :

« Ah, c'est malin. J'avais bien besoin de ça. »

Dupin se met à pleurer, sans bruit. Ses maigres épaules sont secouées de saccades. Et ses larmes délaient le sang et les traces brunes de sa figure.

« Ne pleure pas », dit Victor.

Il a les bras ballants. Il ne sait pas quoi faire :

Dupin pleure comme un petit, la bouche grande ouverte, dans une grimace ridicule.

« Ne pleure pas. »

Victor sent son cœur se fendre de pitié. Et il s'en veut d'avoir pitié.

« Tu m'as cherché, Dupin.

— On est cons, hoquette Dupin.

— Pourquoi ?

— On va pas se faire la guerre, tout de même ? On a bien assez de la vraie, tu crois pas ? »

Et il nettoie de la paume le sang qui lui macule le visage. Il lève sur Victor un pauvre regard :

« Un regard de chien », se dit Victor.

C'est vrai. Les yeux de Dupin lui rappellent ceux du chien perdu que son père avait attrapé. Il était devenu leur chien. Il trottinait, attaché sous la roulotte, pendant leurs lents voyages... Qu'est-il devenu ? Qu'est devenu leur chien, après la mobilisation ? Les enfants, on les envoie à l'hospice, mais les chiens, on les envoie où ?

Victor a une boule dans la gorge.

« Tu penses à quoi ? souffle Dupin.

— À rien. »

Victor se rassoit. Ah ! s'il avait la force de partir, droit devant lui, comme tout à l'heure... sans réfléchir !

Dupin renifle à petits coups. Il se lèche les lèvres pour en étancher le sang.

« Alors ? finit-il par demander.

— Quoi, alors ?

— Ben, qu'est-ce qu'on fait ?

— Toi, tu feras comme tu voudras, Dupin. »

Victor ne le regarde pas dans les yeux.

« On n'est pas obligés de rester ensemble.

— Oh, dis... Victor... tu vas pas me laisser tomber, dis ?

— Et pourquoi je ne te laisserais pas tomber ? »

Cette fois-ci, Victor regarde Dupin bien en face :

« Je n'ai pas besoin de toi. »

Deux petites taches rouges marquent les joues creuses de Dupin. Il a la bouche ouverte, comme s'il avait reçu un coup de poing en pleine poitrine. Victor répète :

« Je n'ai pas besoin de toi, Dupin.

— Ben... moi, j'ai besoin de toi, Victor.

— Tu veux me coller, oui ! »

Victor crie presque : Dupin va faire tout rater. Flanqué de ce gringalet qui renifle, il ne retrouvera jamais son père... Son père, il doit le retrouver tout seul. Parce que son père est à lui, à lui tout seul.

Les larmes déforment la voix de Dupin :

« On s'en est sortis... tous les deux... les autres...

Y sont tous morts. On s'en est sortis... alors, ça veut dire qu'il faut pas se quitter... »

« Ça veut rien dire ! » va s'écrier Victor, mais il reste saisi. La cloche de l'église toute proche s'est mise à tinter... faiblement.

« C'est l'glas », dit Dupin.

Victor hoche la tête. Lui aussi, il reconnaît le langage des cloches. Et il ne l'aime pas.

« Au village... avant qu'on me mette à l'hospice... qu'est-ce que j'ai pu l'entendre, ce bruit-là !... chaque fois qu'il y en avait un qui tombait, au front... ben, tu sais, Victor, un jour ç'a été pour mon père... et ma mère s'est fichue dans l'étang.

— Tu me barbes, avec tes souvenirs ! »

La tête penchée, Dupin écoute les notes monotones du glas.

« Sûr que c'est pour les autres », dit-il.

Victor est glacé jusqu'aux os, tout à coup.

« Peut-être... peut-être qu'on nous croit morts, nous aussi.

— Peut-être, répond Dupin.

— C'est vrai qu'on a eu du pot... »

La voix de Victor est sourde.

« Dis, Dupin, si on nous croit morts, personne ne va nous chercher, tu ne penses pas ?

— Ça, c'est sûr. »

La figure de Dupin se fend d'un sourire, d'une oreille à l'autre.

« Dis, Victor, tu vas m'emmener, alors ? »

Victor ne réussit pas à répondre : « Non, je ne vais pas t'emmener... » Les mots ne passent pas.

Il se sent vaincu par quelque chose d'inexplicable. Quelque chose qui mêle au son du glas celui des cris entendus cette nuit... Quelque chose qui aurait un regard de chien...

« Tu sais, Victor, on s'en sortira. À deux, on est plus forts. »

Victor ne répond pas.

« Et puis, tu sais... un garçon tout seul, sur les routes, ça fait bizarre, mais deux...

— Deux, ça fait encore plus bizarre.

— Mais non, on dira qu'on est frères...

— Si tu crois que j'ai envie d'avoir un frère dans ton genre !

— Ça fait rien, que t'aies envie ou pas... On aura l'air frères quand même. »

Victor fait semblant de ne pas remarquer la grosse larme qui coule le long de la joue sale de Dupin. Il croise ses bras, sur ses genoux. Il y appuie sa tête. Il ne sait plus où il en est. Il ne sait plus ce qu'il faut faire. Il est seulement très fatigué.

3

Les sabots de Dupin

« J'ai faim.

— Moi aussi, j'ai faim.

— J'ai soif, aussi, dit Dupin.

— Écoute, Dupin, rien ne t'empêche d'aller bouffer et boire à l'hospice !

— T'es vache », constate Dupin.

Il se met debout, maladroitement :

« Hé, dis donc, Victor, j'ai les cannes en coton... »

D'une main, il s'appuie au mur.

« C'est vrai, il n'a rien dans le ventre, lui. »

« À mon estomac, j'sens qu'il est onze heures et demie.

— Il faut s'y faire, Dupin, on bouffe avec les chevaux de bois, aujourd'hui.

— T'es fou ?

— Et alors, qu'est-ce que tu vas faire, gros malin ? Tu vas aller en ville, tu vas entrer à l'auberge, tu vas demander à déjeuner... Sans un rond... Et avec l'allure que tu as ?

— Qu'est-ce qu'elle a, mon allure ?

— Elle a... Elle a... Elle a qu'on voit tout de suite que tu es un orphelin en cavale... »

Dupin, piteux, contemple le bout de ses chaussettes boueuses. Ses jambes grêles, aux genoux saillants, sortent d'une culotte dépendue. Et, à son paletot d'uniforme aux manches trop courtes, il manque deux ou trois boutons :

« Si les gendarmes te voient, ils vont t'attraper, aussi sec !

— N'empêche... on va pas se laisser mourir de faim ici. »

Dupin a raison. C'est peut-être ce qui agace Victor : il faudra bien sortir, à un moment ou à un autre, de la belle maison morte.

« Il faut bien, à un moment ou à un autre, savoir se lancer dans le vide. » C'était Père qui disait cela quand il apprenait à Victor le triple saut périlleux, à partir d'un tonneau renversé, peint de mille couleurs.

« Il faut bien... »

Père a raison. Pour être courageux, il suffit peut-être de le décider. Un point, c'est tout.

Victor se lève :

« Je vais me débrouiller.

— Tu vas chercher à bouffer ?

— Oui. »

Victor referme soigneusement sur lui la pèlerine. Un brusque sourire retrousse ses lèvres sur ses dents blanches et pointues :

« Quoique, dans le fond... je devrais te laisser y aller tout seul... Si les gendarmes te ramassent, Dupin, je serai bien débarrassé de toi. »

Victor a eu envie, soudain, de blesser Dupin, comme s'il le frappait, à toute volée.

Dupin renifle, un bon coup.

« T'as pas intérêt à c'qui m'ramassent, les cognes...

— Pourquoi ?

— Tu crois que j'me gênerais pour leur dire où tu es ? Ils te mettraient le grappin dessus, à toi aussi. »

Et Dupin plante son regard de chien perdu dans celui de Victor. Un chien perdu prêt à mordre. Victor supporte ce regard sans sourciller, mais la colère lui picote les veines. Et voilà ! Il est lié à Marcel Dupin, pour le meilleur et pour le pire.

« C'est bien ma veine !

— Qu'est-ce que tu dis, Victor ?

— Rien. »

Et Victor se glisse hors des ruines.

Le glas s'est tu. Le jardin semble retombé dans le silence immobile où la guerre l'a jeté. Victor sursaute au bruit de ses propres pas. Avant de franchir la grille... C'est bête... il ne peut pas s'en empêcher : il se retourne.

Tout petit sur le perron intact, Marcel Dupin lui fait un geste de la main, à la manière de ceux qui disent au revoir, sur un quai de gare. Victor ne lui répond pas. Il s'élance au-dehors.

« Manger... Boire... »

La liberté, la vraie, celle des oiseaux ou des enfants en fuite, offre d'abord ces deux soucis-là. Victor est en train de s'en rendre compte.

Il marche à grands pas le long de la rue. Il tient les yeux baissés. Pourvu que personne ne pointe un doigt vers lui en criant : « Mais c'est un des petits de l'hospice ! »

Il se souvient de ces mornes promenades du dimanche, par la ville, en rangs. Quelquefois, les gens s'arrêtaient pour les regarder passer. Ils hochaient la tête : « Des orphelins... des orphelins de guerre... » Et pour eux, sans doute, ces enfants-là avaient tous le même visage.

Alors, pourquoi s'inquiéter ? Et puis, après le bombardement de cette nuit, les quelques rares passants ont d'autres chats à fouetter que de s'intéresser à un gamin de quatorze ans qui rase les murs, et qui s'arrête, tout à coup.

Un vieil homme se tient devant un amas éboulé : tout ce qu'il reste de sa maison. Il a réussi à sauver une chaise. Il la serre contre lui. Et il chevrote :

« Alors, Céline, tu trouves quelque chose ? »

La petite vieille, courbée parmi les décombres, ouvre des mains impuissantes, toutes noires de poussière.

« Par-dessus le marché, on nous disait que la guerre était sur le point de finir...

— Il faut croire que non. »

Et puis, ils se taisent. Ils ont aperçu ce drôle de gamin maigre qui les regarde fixement. Il cligne les yeux dans la lumière crue. Et soudain, il détale. Sa pèlerine s'envole derrière lui. La vieille reprend sa fouille inutile.

Victor court jusqu'au bout de la rue, à l'endroit où elle se partage en deux voies : l'une, une route de terre qui descend vers la gare, l'autre, une ruelle pavée qui serpente jusqu'à la grand-rue.

Victor s'engage dans la ruelle. Il est à bout de souffle. Il marche lentement.

« J'ai faim... »

C'est l'heure de la soupe de midi. Victor en sent l'odeur de pommes de terre et de poireaux. La soupe mijote sur les fourneaux des maisons qu'il longe. Des maisons à un étage : elles ouvrent sur la ruelle. Elles sont flanquées de jardins étriqués.

« Ici... on dirait... on dirait que ce n'est pas la guerre... »

La ruelle est si tranquille. Déserte. Les branches desséchées d'une glycine rampent le long d'un mur bas où s'ouvre un petit portillon de fer. Victor s'y appuie, un instant. Le portillon cède, il grince, il s'ouvre. Victor se retrouve dans le jardinet : il ne l'a vraiment pas fait exprès.

Et il s'approche de la maison à petits pas.

La porte de la cuisine donne sur le jardin où dans un clapier grillagé remuent les fourrures grises des lapins. Derrière leur enclos, les poules caquettent sans trêve.

Et Victor se jette contre le mur : la porte de la cuisine vient de s'ouvrir, d'une poussée.

« Petit, petit, petit ! » crie une voix suraiguë.

La femme tient son tablier relevé en coque. Elle

va jusqu'au poulailler sans cesser d'appeler « Petit, petit, petit ! » Elle y jette en pluie une poignée de grains. Les poules se précipitent. Victor, lui, s'est déjà faufilé dans la maison.

Il repousse doucement la porte. Il y a une grosse clef dans la serrure. Victor referme la porte à double tour.

Comme il fait chaud, dans la cuisine... Comme il fait bon... Victor en reste engourdi quelques secondes.

Une grande marmite chuchote sur le fourneau. La louche est posée sur la table. Victor soulève le couvercle. Il se sert une bonne rasade de soupe. Il la boit à même la louche. Du feu lui traverse les veines. Et des clameurs le font sursauter :

« Madame ! Madame !

— Qu'y a-t-il, Mélanie ? »

Une voix de jeune femme vient de l'étage au-dessus.

« J'sais pas ce qui arrive : j'suis enfermée dehors... »

Victor lâche la louche. Par la vitre embuée, il aperçoit la bonne : elle explique son histoire avec de grands gestes. La réponse de la maîtresse invisible affole Victor :

« Je descends, Mélanie. »

Par où s'échapper ? Il ne reste que la sortie sur la rue !

Mais, avant de s'élancer vers le corridor, Victor avise un gros pain rond. Il le glisse sous sa pèlerine. Déjà, il entend résonner les marches de l'escalier. Il n'a plus le temps d'ouvrir la porte de l'entrée. Il se précipite entre les vêtements qui pendent à un portemanteau, posé dans un coin sur ses gros pieds de bois à volutes.

Il voit passer une jupe longue. Une femme blonde dont il n'aperçoit pas le visage.

Elle pousse une exclamation de surprise :

« Par exemple ! La porte est fermée à double tour ! »

Victor entend grincer la clef. Et c'est l'entrée bruyante de Mélanie :

« Ça, Madame, c'est encore un tour de Monsieur Roland !

— Vous croyez, Mélanie ? mais Monsieur Roland révise ses leçons dans sa chambre... »

À l'abri des lourds manteaux, Victor écoute. Ces mots anodins semblent venir de très loin, d'un autre monde...

Monsieur Roland... un garçon de son âge, sans doute. Un garçon qui a des leçons à apprendre... Un garçon pour lequel la guerre n'existe peut-être pas… En tout cas, si elle existe, ce n'est pas tout à fait la même guerre…

« Je vais tirer cette affaire au clair », dit Madame.

Et elle passe à nouveau. Elle monte l'escalier quatre à quatre. Elle appelle :

« Roland ! Roland ! »

Dans la cuisine, Mélanie bougonne :

« Enfant gâté ! Tête de linotte ! »

C'est le moment ou jamais de fuir ! Victor quitte son abri. S'il pouvait devenir léger comme une ombre ! Si son cœur, au moins, ne battait pas si fort ! Il fait un pas et il reste saisi : sur le paillasson, devant la porte d'entrée, il y a deux sabots. Ceux de Mélanie, sans doute. Ils sont usés, noirâtres, un peu de paille en dépasse. Deux vieux sabots… Mais… Oh ! Les lamentables chaussettes de Dupin… Et sa façon de renifler : « J'ai toujours froid aux pieds… » Victor se baisse, il rafle les sabots. Il les cale sous son bras, avec le gros pain. Il est plutôt embarrassé par son chargement et pourtant… En tournant la poignée de la porte, il ne peut s'empêcher de regarder les vêtements chauds accrochés au portemanteau.

« Laisser passer une occasion pareille… »

Il n'a vraiment pas le temps de choisir ! Victor saisit un bout de laine, au hasard. Et il tire. Le portemanteau vacille. Il s'abat avec fracas sur le carrelage. Victor a dans la main un grand châle noir.

Tout le reste va très vite. Victor sursaute au cri furieux de Mélanie : elle est pétrifiée sur le seuil de la cuisine, la bouche grande ouverte, les bras dressés au-dessus de sa tête.

Victor s'élance. Il ouvre la porte avec une telle force qu'elle va claquer contre le mur. Il bondit dans la rue. « Au voleur ! Au voleur ! »

Il se prend les pieds dans le châle. Il manque tomber. Où se cacher ? Dans deux minutes, Mélanie, Madame et Monsieur Roland se seront jetés à ses trousses. Et la suite est facile à imaginer... Victor entre deux gendarmes... Victor dans un nouvel hospice... Celui des enfants qui volent, cette fois-ci.

Il tourne la tête, à droite, à gauche, pareil à un animal que les chiens vont débusquer. Et il aperçoit le portillon... Il se glisse dans le jardinet. Il n'a que le temps de s'accroupir entre deux buissons.

Lorsqu'il entend, dans la rue, une course précipitée, il ne peut s'empêcher de sourire.

Victor tient sur l'épaule un balluchon sommaire : le châle dont il a noué les quatre pans. Il y a enfermé le pain et les sabots. Il a fait mille détours avant de regagner la belle maison morte.

Quand il pousse la haute grille, il a l'impression de rentrer chez lui. Il se retient pour ne pas courir jusqu'aux ruines.

« Dupin ? »

Personne ne lui répond. Le silence pèse sur la maison.

Victor serre son balluchon à deux mains, contre son cœur.

« Dupin ? »

Il s'assoit par terre, lourdement. Où Dupin est-il donc passé ?

Victor appuie sa tête au mur.

Il se sent très seul, avec ses sabots inutiles, après cette longue course effrayée à travers la ville. Il jette le balluchon plus loin. Il écrase ses deux mains contre sa figure, très fort. Et il ferme les paupières, encore plus fort.

« Hé ! Victor !... Tu dors ? »

Dupin, plus reniflant que jamais, se plante devant Victor. Il lève haut deux bouteilles de vin :

« T'as vu ça ? »

Dupin s'assoit en tailleur, face à Victor :

« J'me suis dit qu'tu penserais pt'être pas à "l'abondance". »

Il secoue une des bouteilles, l'air épanoui.

« Tu parles d'une "abondance", remarque Victor, ça, c'est du vin, du vrai. »

Et il déchiffre à haute voix ce qui est écrit sur l'étiquette :

« Cham-ber-tin... Dis donc, d'où tu sors ça ?

Dupin, d'un index pointé, désigne un lieu indécis, derrière lui. Il est hilare :

« Quand t'es parti, j'tournais en rond. J'me disais : "Si Victor revient pas, qu'est-ce que je vais devenir ?"

— Oh, ça va... Continue...

— Ben, j'ai vu comme un trou dans le carrelage, là-derrière... Dans l'trou, y avait des marches d'escalier...

— Et tu es descendu ? Tu es complètement fou !

— Ben non, la preuve ! »

Dupin brandit ses deux trophées.

« J'me suis retrouvé dans la cave... ça pue, mais elle a pas bougé.

— N'empêche... Tu aurais pu prendre toute la maison sur la tête... »

Dupin hausse les épaules, insouciant.

« Si tu as envie de mourir emmuré, ça te regarde ! »

La petite figure maigrelette de Dupin s'allonge :

« Dis, Victor, tu vas pas me disputer, quand

même ? C'est pour tous les deux que j'suis descendu...

— Ça va... ça va. »

Victor attrape son balluchon. Il en déplie les quatre coins.

« À manger ! » s'écrie Dupin.

Victor partage le pain en deux parts égales. Ils avalent leur première bouchée, presque sans mâcher. Et ils s'étouffent en même temps. Ils toussent, écarlates.

Quand il est un peu calmé, Victor se lève. Il empoigne une des bouteilles. Il en casse le goulot contre l'arête du mur, d'un seul coup :

« Hé, fais gaffe, s'écrie Dupin, c'est toi qui vas la faire dégringoler, cette baraque ! »

Et le vin jaillit, rougeâtre. Il éclabousse Victor, il ruisselle sur ses galoches. Et Victor, pour ne pas se couper aux éclats de verre, boit à la régalade. Comme il l'a vu faire à son père... Il y a si longtemps. Il se souvient des petites gouttes roses qui brillaient sur son menton et de ses yeux mi-clos...

Il tend la bouteille à Dupin :

« Tiens, et fais gaffe de ne pas te couper... »

C'est bête, tout de même, cette brusque envie de pleurer...

« C'est bon », apprécie Dupin.

Et il rend la bouteille à Victor, qui boit une

deuxième lampée. Le vin lui paraît presque chaud, un peu aigre. Il lui incendie l'estomac, mais il lui fait du bien, après.

« À moi », réclame Dupin.

Il renverse la tête pour boire ce qu'il reste au fond de la bouteille. De toutes ses forces, il en jette le débris vide au loin. Et il interroge d'une voix hésitante :

« Hé... Victor, j'rêve ou j'vois des sabots ? »

Les museaux retroussés des vieux sabots pointent hors des plis du châle.

« Tu ne rêves pas... Ils sont pour toi, ces sabots...

— C'est vrai ?

— Bien sûr ! Tu crois que je les ai chopés pour moi ?

— J'sais pas. »

Dupin a les joues échauffées. Un rire silencieux lui ouvre grande la bouche. Il se met debout, péniblement :

« Dis donc, ça coupe les jambes, c't'affaire-là », dit-il dans un hoquet.

Et il essaie les sabots. Il s'y reprend à plusieurs fois. Il titube un peu. Il rit. Victor le regarde.

« Dis donc, Victor... pendant que t'y étais, t'aurais pu ramasser des sabots à ma taille. J'me tords les chevilles. »

Il chancelle. Il se retient d'un bras au mur.

« Comment t'as fait, à propos ?

— Pour quoi faire ?

— Ben... pour mes sabots.

— Ça s'est fait tout seul », grommelle Victor.

Et puis, il se souvient des gros bras dressés de Mélanie, de sa bouche béante... Une subite envie de rire lui chatouille l'estomac. Et ce Dupin, perché sur les sabots volés, aussi maladroit que s'il était juché sur des échasses ! Il part d'un rire tonitruant qui lui déchire la poitrine. Alors, Dupin pouffe, presque aussi fort que lui. Il s'en tient les côtes, il en tombe assis par terre, un sabot à droite, l'autre à gauche.

Et les murs effondrés se renvoient leur rire aigu irrépressible, exacerbé.

4

À l'aventure

La deuxième bouteille est vide.

Victor et Dupin sont assis par terre, adossés au mur. Ils ont repoussé du pied les morceaux de verre. Malgré le vin, ils n'ont pas chaud. Le soir tombe au-dessus de leurs têtes renversées contre la pierre.

Victor regarde le ciel, tout là-haut. Il se dit que le ciel n'est plus le ciel... Le ciel est un champ de bataille. Comme la terre qui se trouve au-dessous.

Et Victor parle, d'une voix hésitante. Il n'a pas

l'habitude de parler, avec les autres. Et puis, c'est difficile de trouver les mots justes :

« Après les guerres... Dupin... Tu crois...

— Quoi ?

— Tu crois que tout redevient comme avant, après les guerres ? Comme si rien ne s'était passé ?

— J'crois pas, renifle Dupin.

— Pourquoi ?

— Parce que... C'est comme ça... Pt'êt'ben que les guerres, c'est fait pour ça... Pour que rien redevienne comme avant... »

Il remonte machinalement ses chaussettes :

« Tiens, moi... Regarde... Avant la guerre, j'avais un père et une mère... Maintenant, j'ai plus personne... Alors, pour moi, plus rien redeviendra comme avant. »

Et Dupin hausse les épaules, comme si la guerre était vraiment trop bête, dans son genre.

Victor ne sait pas quoi lui répondre. C'est vrai que pour Dupin, la guerre a tout fichu par terre... Mais pas pour lui, Victor, pas pour lui.

« Parce que je retrouverai mon père, dit-il à voix basse, et quand je l'aurai retrouvé, ce sera comme si la guerre n'avait jamais existé.

— Qu'est-ce que tu dis, Victor ?

— Rien. »

Et, après une seconde d'hésitation, Victor ramasse le châle noir. Il le tend à Dupin :

« Tiens, mets donc ça... Tu vas prendre froid. »

Ils dorment. Ils sont roulés sur eux-mêmes comme des bêtes transies. Du châle noir dépassent les sabots trop grands de Dupin. De la pèlerine, le visage très pâle de Victor. Dans le sommeil, ils se sont serrés l'un contre l'autre.

De temps en temps, une grimace de peur passe sur la figure de Victor, comme un frisson sur l'eau, ou bien Dupin étouffe un petit cri et il remue, à la façon des lapins pris au collet.

Au réveil, ils ne se souviendront pas des rêves de leur première nuit à la belle étoile. Mais peut-être que cela vaut mieux ?

Victor se réveille le premier. Il bouge avec peine. Il a froid. Il a encore froid. Il se dit qu'il a toujours froid.

Dans l'aube grise scintille l'Étoile du Berger. « La première à s'allumer... la dernière à s'éteindre... » Une phrase de son père... Et Victor fixe l'étoile, jusqu'à ce que ses yeux brûlent. Et l'étoile pâlit, l'étoile s'efface. Victor détourne la tête.

« Hé, tu dors, Victor ? »

Victor ne répond pas.

« J'ai faim », dit Dupin.

Victor se tait. S'il se tait, peut-être que Dupin se taira, lui aussi... Et alors, ils se rendormiront. On est moins malheureux dans le sommeil.

« J'sais que tu dors pas, Victor. »

Victor ferme les yeux. Il serre les dents. Il sent bouger Dupin, contre lui. Dupin s'assoit. Il bâille à grand bruit.

« J'ai une idée... »

Il se lève. Ses sabots clopinent sur les carreaux défoncés. Lorsque Victor ne les entend plus, il ouvre les yeux. Il s'assoit. Il bâille, lui aussi. Il a la tête lourde. Il a soif d'un peu d'eau.

Et Marcel Dupin revient.

« T'as vu ? »

Il a les mains pleines de tubercules terreux qui ressemblent vaguement à des pommes de terre. Il les fait rouler aux pieds de Victor.

« Des topinambours... C'est mieux que rien. Tu crois pas, Victor ?

— Peut-être... »

Les topinambours n'ont rien d'engageant, mais en les nettoyant bien...

Dupin essuie le sien sur sa cuisse, Victor dans un coin de la pèlerine, lentement.

Il se souvient des pommes que son père, parfois, chapardait dans les vergers. Il les faisait briller.

Elles reluisaient. Comme leur peau rouge craquait, en s'ouvrant sur leur chair blanche qui pleurait une petite goutte acide, lorsqu'on y plantait les dents !

Et c'est la saveur de la pomme que Victor essaie de retrouver en mordant dans la chair froide de ce topinambour au goût de terre.

Dupin s'est assis en tailleur, face à Victor. C'est déjà une habitude. Il mâchonne. Un peu de jus dégoutte aux commissures de ses lèvres.

« J'me demande si j'préférais pas encore le frichti de l'hospice ! »

Victor ne l'entend pas. Victor ne l'écoute pas.

« On dirait toujours que t'es pas là », ronchonne Dupin.

Et l'appel morne d'une cloche les fait sursauter. La cloche de la première messe. Il y a déjà un jour, un jour entier qu'ils sont là, dans la belle maison morte...

Soudain, de toutes ses forces, Victor jette au loin ce qu'il reste de son topinambour.

« Je pars ! »

Il se lève. Dupin en fait autant. Sa récolte de topinambours roule à ses pieds :

« Moi aussi, j'pars, c'te blague !

— Toi, tu fais ce que tu veux, mais moi, je pars. »

Dupin serre autour de lui les pans du châle noir.
« Où c'est qu'on va, mon capitaine ? »
Il rit. Mais Victor ne rit pas, lui.
« On va aller à la gare... D'abord... J'y serais déjà si tu m'étais pas tombé dans les pieds, Dupin...
— T'es de mauvaise humeur ? renifle Dupin.
— Mon humeur ne te regarde pas.
— Et à la gare, qu'est-ce qu'on va faire ?
— Tu verras bien. »
Victor referme sa pèlerine. Il fronce les sourcils. Il part à grands pas. Dupin court derrière lui. Il trottine.

La ville s'éveille. Elle bouge avec précaution, comme ceux qui ont eu mal et qui ont peur que cela recommence.
Des femmes se hâtent vers l'église. Sans regarder à droite ou à gauche. Quelquefois, le vent soulève, à petits sursauts brefs, le voile noir de veuve de l'une ou de l'autre.
« Hé, tu m'attends, Victor ? »
Victor s'arrête. Il se retourne, agacé. Ah ! ils ont bonne mine, l'un suivant l'autre...
« Si tu m'attends pas, personne croira qu'on est des frères... Et ça fera drôle.
— Eh ben, dépêche ! »

Dupin se précipite en trébuchant sur ses sabots. Ils sont côte à côte, maintenant.

« Dis, Victor...

— Quoi ?

— Ça te rappelle pas quand on se promenait... Le dimanche ? »

Victor ne répond pas. Il n'aime pas que Dupin ait les mêmes souvenirs que lui.

« Quand on s'baladait... J'me disais : "J'aimerais bien qu'on soit amis, Victor et moi..." Et maintenant...

— Maintenant, on n'est pas amis... Pas plus qu'avant. »

Ils continuent leur chemin en silence. Les voilà sur la route qui descend à la gare. Elle est boueuse, détrempée par les pluies d'automne. Ils marchent au plus près des arbres pour se cacher, vite, s'ils aperçoivent quelqu'un.

Au détour du chemin, Victor se jette d'un bond dans le fossé. Dupin y plonge à sa suite.

« Ben dis donc... Ben dis donc..., répète-t-il.

— Ta gueule ! » chuchote Victor.

Son cœur bat si vite qu'il a du mal à retrouver son souffle.

Un soldat marche, de long en large, devant des chevaux de frise qui bouchent la route. Le moyen de passer avec ces bouts de bois tout hérissés de clous ?

Ils sont accroupis dans la boue, les mains dans l'herbe mouillée. Ils regardent ce soldat, fixement, les yeux au ras des broussailles.

Au loin, du côté de la gare, il y a le bruit du métal que l'on martèle, le fracas des haches qui s'abattent sur des troncs. Des voix se croisent dans l'air froid, sans qu'ils distinguent des paroles.

Victor comprend, tout à coup :

« Il n'y a pas que l'hospice... la voie aussi a morflé... Et on la répare. »

Dire que ça lui paraissait si simple : grimper dans un wagon, se cacher sous un siège, et partir... Partir... N'importe où...

Peut-être que partir est déjà une manière de retrouver son père... Un tout petit peu... Pour Victor ?

L'herbe lui glace les paumes. Il souffle dans ses doigts. Il ne quitte pas des yeux le soldat qui défend le passage. Il n'a pas chaud, lui non plus, il bat la semelle, son fusil au creux du bras. Il a l'air tout maigre, dans sa grande capote bleue, et tout jeune. Il n'a même pas de moustache.

Soudain, Victor a envie de courir vers lui, les bras tendus... De lui dire... De lui expliquer... De crier : « Chevrier Ernest, caporal au RICM, dans l'Infanterie Coloniale, quoi... Vous le connaissez, hein ? Vous le connaissez ? »

Et puis, il ne bouge pas.

« Un soldat, c'est un soldat... »

Les soldats respectent la consigne. Un enfant échappé de l'orphelinat, on le remet à l'orphelinat, un point, c'est tout.

« Qu'est-ce qu'on va faire ? »

Le chuchotis de Dupin fait tressaillir Victor. Il l'avait oublié, celui-là !

« Qu'est-ce qu'on va faire ?

— Je ne sais pas. »

Victor a l'impression d'être un poisson pris au fond d'une nasse. Un de ces poissons que son père piégeait, en été, quand ils arrêtaient la roulotte dans un pré, au bord d'un canal ou d'une rivière.

« On est... On est perdus... Entre une gare qui ne sert plus à rien... Et une ville où on peut plus mettre les pieds... »

Il reprend son souffle : ce n'est pas le moment de pleurer.

« On est dans de beaux draps...

— Pas pires que ceux de l'hospice, souffle Dupin. J'aime encore mieux être ici. »

Il grimace :

« Même si j'ai des crampes... »

C'est vrai, Victor aussi sent ses membres s'engourdir. Il va falloir bouger.

« Pourquoi tu dis que la gare sert plus à rien, Victor ?

— C'est facile à comprendre... Avant qu'ils aient réparé la voie... On a le temps de crever de froid...

— Et de faim... J'ai une de ces dalles.

— Tu penses qu'à manger.

— Pas toi ?

— Non, pas moi. »

Ils bougent, maladroitement, au fond de leur trou.

Victor crispe une main sur le bras de Dupin.

« Tu entends ? »

Une carriole grince, sur la route, tout près.

Au ras de leurs nez passent d'abord les lourds sabots d'une rosse fatiguée, puis de larges roues. Les narines de Dupin frémissent. La bouche de Victor s'emplit de salive : alors, il a faim, lui aussi ?

« Dupin... C'est une cuisine roulante, c'est sûr... On apporte à manger aux soldats... »

Et ils se regardent. Il y a de grosses marmites pleines de soupe, jusqu'au couvercle, là, tout près.

La voiture s'est arrêtée devant les chevaux de frise. La sentinelle se met à rire. C'est drôle, un rire de soldat, c'est incongru. On dirait que les soldats ne sont pas faits pour ça.

Mais le rire du soldat s'arrête, d'un coup.

« T'as vu ce que je vois ? » demande-t-il au cuistot.

Et les deux hommes qui escortent la cuisine roulante se retournent, eux aussi. Deux enfants approchent, un grand et un petit. Ils se tiennent par la main. Ils marchent à petits pas. Comme s'ils étaient bien fatigués.

« Alors, les gosses, où on va comme ça ? »

Le petit sourit :

« À la gare, tiens ! »

Les hommes se mettent à rire :

« Interdiction d'approcher de la gare ! »

Victor prend sa respiration :

« C'est Papa qui nous a dit de venir...

— Ouais... il travaille sur la voie.

— Il est cheminot... »

Victor parle d'une voix pressée, comme s'il avait peur d'oublier le mensonge qu'ils viennent de mettre sur pied, lui et Dupin. Et il rougit, subitement, il détourne la tête. C'est Dupin qui prend le relais, d'un ton aigu :

« Papa... Il nous a dit... Venez à l'heure de la cuisine... Parce que... »

Il jette un regard aux deux marmites énormes, encastrées à l'arrière de la roulante :

« Bah, dit le cuistot... C'est des gamins qui ont faim... C'est pas les premiers !

— Ce n'était pas la peine d'inventer cette histoire de cheminot... », remarque le soldat.

Le gargouillis désespéré qui s'échappe de l'estomac de Dupin lui coupe la parole.

« Allez, les gamins, s'écrie le cuistot, il ne sera pas dit qu'on va laisser crever de faim des civils !

— On est pas des civils, on est des enfants », dit Dupin.

Quelques secondes plus tard, Victor et Dupin se brûlent les doigts aux gamelles pleines à ras bord d'un ragoût indéfinissable qui fume. Ils y plongent leurs cuillers, précipitamment.

« Du calme, les petits, le rata ne va pas s'envoler », dit la sentinelle.

Et les hommes regardent les deux enfants dévorer leur pitance.

« J'espère qu'on va leur flanquer la raclée définitive... Aux prusos, remarque le cuistot.

— C'est parti pour...

— On les aura. »

Victor relève la tête :

« La guerre est bientôt finie, alors ?

— Il paraît qu'il n'y en a plus pour longtemps. »

Victor regarde les soldats avec des yeux écarquillés.

« Les Boches sont au trente-sixième dessous... Et puis, on a les Américains ! »

La sentinelle prend un air supérieur. On dirait que l'arrivée des Américains a dépendu de sa seule décision. Le cuistot tente de lui rabattre son caquet :

« Qu'est-ce qu'ils ont de plus que nous, les Américains ?

— Tu ne les as pas vus... Bien habillés, bien nourris...

— C'est pas parce qu'on est bien habillé et bien nourri qu'on gagne une guerre.

— Peut-être bien que oui. »

Un silence tombe que remplit soudain la petite voix de Dupin :

« J'ai encore faim.

— Dis donc, il faut en laisser pour les autres...

— Quels autres ?

— Eh bien... Les sapeurs qui réparent la voie. »

Victor regarde ce qu'il reste de ragoût, au fond de sa gamelle... Non, même en se forçant... Il tend le récipient à Dupin :

« Tiens, prends ça, Dup... Euh... Marcel. »

Un peu plus, il faisait la gaffe ! A-t-on jamais vu

des frères s'appeler par leur nom de famille ? Et la petite figure maigre de Dupin s'illumine :

« Victor, c'est mon grand frère ! annonce-t-il.

— On avait compris », dit le soldat.

Victor baisse les yeux.

« Tu veux un coup de rouge ? » demande le cuistot.

Victor hoche la tête. Dupin claironne :

« C'est pas de refus. »

Le vin a des aigreurs de vinaigre. Dupin fait la grimace :

« C'est pas comme hier soir... »

Et il croise le regard de Victor. Un regard pâle, dur, dardé sur le sien.

« Euh... Euh... »

Il avale une gorgée. Il s'étrangle.

« Il va nous faire piquer, cet imbécile. »

Victor aimerait secouer Dupin en tous sens, jusqu'à ce que ses dents s'entrechoquent. Quand il porte le quart à ses lèvres, il se rend compte qu'il tremble. C'est vrai que le vin est mauvais :

« Il n'y aurait pas de l'eau ? »

Les soldats se tordent de rire :

« Alors, quoi ? tu es un homme ou une mauviette ? »

Victor avale sa ration de vin. Il entend un raclement de godillots, plus bas, au détour de la route :

« Voilà les gars », dit le cuistot.

Victor et Dupin regardent les hommes remonter le chemin, du même pas lourd. Leurs faces ruissellent de sueur, malgré le froid. Ils portent des pioches sur l'épaule. Certains ont dégrafé leurs capotes marbrées de boue, d'autres sont en bras de chemise. Leurs cravates pendent, dénouées, autour de leurs cous. Ils approchent. Et Victor les regarde, les yeux fixes. Il les regarde, un à un :

« Parmi eux... Il y en a qui connaissent Papa... Peut-être... »

Et il sent leur odeur de vinasse, de tabac gris, de fatigue.

Victor se dit qu'il ne savait pas jusqu'à maintenant... Il ne savait pas quelle odeur avait la guerre, la vraie. Maintenant, il sait.

« Allez, les hommes, à la soupe ! » braille le cuistot.

5

Les soldats

Les hommes ont faim. Ils se pressent autour de la cuisine roulante. La rosse, agacée, recule mollement.

Dupin s'est serré contre Victor :

« Blague à part, j'ai encore la dent, chuchote-t-il.

— Pense à autre chose. »

Les hommes ont sorti des paquetages leurs gamelles, leurs couverts. Ils s'assoient, au revers du talus. Ils se lancent, comme des balles, de grosses miches de pain. Ils y mordent. Ils boivent, à grandes rasades assoiffées. Et puis, ils piochent, à coups de cuiller hâtifs, dans les gamelles pleines. Ils mangent.

Victor et Dupin les regardent.

Une voix braille tout à coup :

« Hé ! les gars, vous avez vu ? On a du renfort.

— Avec ça, on est sûr de gagner la guerre ! »

Toute la troupe s'esclaffe.

« Ils parlent de nous ? » demande Dupin tout bas.

Victor a la gorge serrée. Ils ne sont qu'une trentaine, mais il a l'impression que des milliers d'hommes vêtus de bleu le regardent. Et que le même rire les secoue, la bouche grande ouverte.

Soudain, l'un des hommes se lève. Il marche sur Victor et Dupin :

« Qu'est-ce que vous fichez ici, les gosses ? »

Ils ne répondent pas. Ils fixent sur lui de grands yeux effarés. Dans la tête de Victor et dans celle de Dupin passe la même image...

Les gendarmes... Les gendarmes montés sur leurs énormes chevaux... Les gendarmes qui vont les traîner par les oreilles jusqu'à l'orphelinat le plus proche...

Et Dupin jette d'une voix perçante :

« C'est not'père... Il est cheminot... Il...

— Il n'y a pas de cheminot, à la gare. »

L'homme est campé sur ses jambes. Il regarde Dupin.

« C'est nous, les cheminots, maintenant. Les Sapeurs du 5e Génie de Versailles. »

Dupin en reste bouche bée. Il n'a jamais entendu parler du 5e Génie. Il n'a jamais entendu parler de Versailles.

« Et toi, le grand ? »

Victor regarde l'homme en face, sans ciller.

« Je ne me laisserai pas faire », disent les yeux trop clairs de Victor.

« Chef... »

La sentinelle s'approche. Il mastique encore un morceau de pain :

« Chef, ils ont faim. Ils ont inventé cette histoire de cheminot... »

Et il répète :

« Ils ont faim.

— Ça, c'est vrai, insiste Dupin. On a faim. On a encore faim.

— Il n'y a rien à manger chez toi ?

— Non, mon capitaine, lance Dupin comme un cocorico.

— Je ne suis pas capitaine, je suis sergent-chef. »

Victor a l'impression que lui et Dupin marchent sur un fil, au-dessus du vide, mais que Dupin l'ignore. Et il lève son petit museau vers le sergent, avec un sourire.

« Si votre père n'est pas cheminot, qu'est-ce qu'il est, alors ? Un embusqué, peut-être bien ? »

Victor a un grand geste vers la campagne jaunâtre :

« Mon... Notre père... Il est par là-bas. Il se bat. »

Il ne peut rien ajouter. Voilà qu'il a osé parler de son père, mais comme si c'était du faux. Il a les joues rouges.

« Et votre mère ? demande le sergent.

— Not' mère..., attaque Dupin.

— Elle est malade, achève précipitamment Victor. Elle est à l'hôpital. Alors, la sœur nous a dit... Comme ça...

— À l'hôpital ? interroge le sergent.

— Euh, oui... »

Victor avale sa salive, il soutient le regard du soldat :

« La sœur nous a dit : “Allez à la gare... Peut-être bien que...” »

Il patauge. Il ne s'en tirera jamais. Le sergent ne le croit pas. Il le sait. Alors, Dupin crie presque :

« C'est parce que Maman, elle voulait pas qu'on nous mette à l'hospice, elle voulait qu'on aille chez not'grand-mère... C'est pas loin ! »

Et il raconte, raconte de sa voix aiguë :

« Chez la mémère, y a des poules, des canards, des lapins, y a même une vache : elle s'appelle... elle s'appelle... La Roussette. »

Dupin paraît à bout de souffle. Victor comprend qu'il ramène à lui les quelques souvenirs de sa vie d'avant. Avec difficulté.

« Et quel est le nom du village de ta grand-mère ? »

Dupin fronce les sourcils. Il se racle la gorge.

« Saint-Quentin-les-Haies ! »

Il y a un silence. Le sergent regarde les enfants. Les enfants regardent la sentinelle. Comme s'ils recherchaient son aide. Et le jeune soldat explique :

« De toute façon, chef, si on les remet aux gendarmes, qu'est-ce qu'ils vont en faire ?

— Les mettre à l'hospice.

— L'hospice est démoli...

— Il existe des hospices, ailleurs. »

Dans le silence soudain la voix de Dupin est brouillée par les larmes :

« J'en ai marre, moi... J'veux voir mon père... ça fait quatre ans que je l'ai pas vu... J'veux voir mon père... »

Victor va crier, c'est sûr : Dupin pleure tout haut

ce qu'il pleure tout bas, lui, depuis des mois et des mois...

Il se mord les lèvres, très fort, pour empêcher le cri de sortir.

Le sergent regarde ces deux petites figures blêmes. Il est fatigué, tout à coup. Il se dit qu'il en a assez de cette guerre.

« Il s'appelle comment votre père ?

— Dupin ! crie Marcel Dupin. Même qu'il est passé caporal.

— Et son régiment ? »

C'est Victor qui répond.

« Le RICM.

— Tiens, un biffin, remarque le sergent.

— Non, un fantassin !

— C'est la même chose, hé, tête de lard ! »

Et il hausse les épaules. Il s'éloigne de trois ou quatre pas. La sentinelle le suit.

« Tu crois qu'ils nous laisseront monter dans l'train ? » demande Dupin.

Et il essuie son nez qui coule, d'un revers de manche :

« J'ai idée qu'c'est pas ré-gle-men-taire.

— Non, ce n'est pas réglementaire. Mais tu crois qu'une guerre, c'est réglementaire ?

— J'sais pas.

— Dupin..., murmure Victor... Dis, c'est vrai

que tu as une grand-mère là-bas, à Saint-Quentin-les-Haies ?

— Tu parles... Elle est morte y a tellement longtemps que j'me souviens même plus de sa tête...

— C'est dommage...

— Oui, j'sais... Tu veux te débarrasser de moi. »

Dupin parle avec le fatalisme de ceux qui se sont habitués à être rabroués depuis longtemps. Et Victor en sent une espèce de peine, imprévue, désagréable. Il bredouille :

« C'est que tu aurais été bien, avec ta grand-mère.

— Ouais... Mais j'suis bien avec toi, aussi. »

Dupin lève la tête vers Victor. Il le considère de son regard de chien. Victor évite de le regarder.

« Tu sais, Victor...

— Oui ?

— Maintenant, on est comme des frères, pour de bon.

— Pourquoi ?

— Parce qu'on s'appelle pareil : Dupin.

— On s'appelle pas pareil. Ce sont les autres qui le croient, c'est tout.

— Eh ben, c'est ça qui compte. »

Victor n'arrive pas à dormir. C'est la première fois qu'il voyage en train.

La locomotive souffle une haleine charbonneuse qui envahit, poisseuse, le wagon qui tangue. Un wagon à bestiaux où les sapeurs de la 1re Section se sont entassés. Ils sont couchés sur la paille ou assis. Dans la pénombre, Victor aperçoit leurs têtes inclinées. Il se demande si c'est le sergent-chef qui ronfle aussi fort.

Victor sent la tête de Dupin qui pèse sur ses genoux : il n'a pas le courage de la repousser. Il est tout engourdi.

Voilà ! Il a quitté la ville. Il a réussi à quitter la ville. Il a quitté la ville, parce qu'il ne pouvait pas en être autrement. Il a quitté la ville parce que son père l'attend.

Il se sent tout oppressé, comme si sa poitrine était trop étroite pour son cœur qui bat.

« Père, a-t-il envie d'appeler, Père ! »

Victor commence à gagner, un tout petit peu... À gagner contre la guerre. En ce moment, il n'a pas froid, il n'a pas faim. Les soldats les ont bien nourris, lui et Dupin.

« Ces gamins, ça fera comme des mascottes, a dit l'un d'eux.

— C'est quoi, ça ? a demandé Dupin.

— Une mascotte, c'est un porte-bonheur », a expliqué le soldat.

Lorsqu'on a peur, on s'attache quelquefois à ce

qui est encore plus faible que vous : un chien, un oiseau, un agneau... Leur faiblesse même doit décourager la malchance.

Et les soldats sont grands, forts, armés, mais ils ont peur, eux aussi.

Les essieux grincent. Par la portière mal jointe, Victor aperçoit un peu de ciel noir, un morceau noir de plaine déserte, l'éclat bref d'un quartier de lune. Son rayon laiteux balaie un instant l'amas des corps endormis. Et Victor croise le regard de la sentinelle. Victor n'est pas le seul à ne pas dormir.

« Tu as soif ? » chuchote le soldat.

Victor l'entend déboucher sa gourde. Il en voit luire le métal. Il l'attrape dans le noir. Il avale une gorgée de piquette.

« Tu en as de la chance, Victor. »

Et la voix du soldat est indécise dans la nuit, comme s'il parlait en rêve.

« Oui, tu as de la chance.

— Pourquoi ?

— Tu vas retrouver ta grand-mère... Et nous... »

Victor ne répond rien.

« Tu as quel âge, Victor ?

— Quatorze.

— Et moi, vingt. »

Le soldat n'ajoute rien, pendant un moment.

« Moi aussi, j'ai une grand-mère », dit-il soudain.

Et il se tait, de nouveau. Victor est gêné.

« Vous savez..., commence-t-il.

— Tu peux me tutoyer. Et je m'appelle Martial.

— Eh bien, Martial... »

Victor se mord les lèvres. Comment expliquer les choses sans se vendre tout à fait ? Ce soldat qui a du vague à l'âme est peut-être sa chance après tout ?

« Tu sais, Martial... Je vais laisser Du... Enfin, je vais laisser le petit frère chez... chez la grand-mère et moi...

— Ne me dis pas que tu vas t'engager ! »

Martial réprime un rire :

« On les accepte pas encore au berceau, les soldats ! »

Victor a bien envie de se taire. Il n'aime pas qu'on rie à ses dépens. Mais ce soldat est peut-être le seul auquel il aura le courage de chuchoter la vérité... Du moins, une partie de la vérité.

« Tu sais... On m'a dit que mon père était "porté disparu"... Alors, je vais le chercher.

— Où ça ?

— N'importe où... Là où je le trouverai...

— Tu es fou !

— Dis, Martial, tu crois qu'avec le numéro de

secteur postal, là où j'envoyais les lettres que j'écrivais, je pourrais le retrouver ? »

Victor a parlé fort. Quelqu'un geint :

« Vos gueules... »

Et un cahot fait rouler la tête de Dupin, de droite et de gauche, contre le genou de Victor.

« Dis, Martial, tu crois qu'avec le secteur postal... ? »

Le jeune soldat a pitié. Le même genre de pitié qui lui a fait dire : « Que tu as bonne mine, ça va mieux, c'est sûr ! » au camarade mourant.

« Tu sais, Victor, tu devrais relire les lettres de ton père. Tu les as gardées ?

— Bien sûr. »

Les lettres sont serrées contre sa poitrine, dans un sachet de toile.

« Bon, lis-les bien...

— Pourquoi ?

— Parce que... Avec l'idée qu'il y a des espions boches cachés partout, les soldats n'ont pas le droit de dire dans leurs lettres où ils se trouvent... Alors, ils s'amusent à écrire des énigmes, pour que leur famille comprenne.

— Des énigmes ?

— Oui, comme des sous-entendus, quoi... En lisant entre les lignes, on comprend où ils sont. »

Victor réfléchit. Machinalement, il tâte le sachet

de lettres. Des énigmes ? Son père dit tout le temps, jour après jour, qu'il a envie de voir son fils.

Ce n'est pas une énigme, ça ! D'ailleurs, il trouve idiote cette histoire d'énigmes :

« Si les Boches les trouvent, ils peuvent deviner la vérité, eux aussi.

— Penses-tu ! D'abord, ils sont trop bêtes pour ça !

— Pas tous... Il y en a peut-être qui sont plus malins que d'autres.

— Où tu as pris cette idée ?

— J'sais pas.

— Dis donc, Victor, qu'est-ce qu'il faisait... Euh... Qu'est-ce qu'il fait, ton père, dans le civil ?

— Comédien ambulant et acrobate. Comme moi. Et il joue du violon, aussi. »

Victor rougit, dans l'ombre, de plaisir, d'orgueil. Personne n'a un père comme le sien, c'est sûr. Un père qui vit comme les oiseaux. Libre.

« Et le petit frère, il est comédien, lui aussi ? »

Victor hésite à répondre. Il n'a pas envie de mêler Dupin aux souvenirs de sa vie, de sa vraie vie.

Le soldat insiste :

« Il fait bien quelque chose, le petit frère ?

— Ouais... Le paillasse ! » répond une voix toute pâteuse de sommeil.

Et Dupin redresse la tête, bâille un grand coup et se recroqueville dans la litière.

Victor est glacé jusqu'au bout des doigts, brusquement : Dupin a tout entendu. Dupin sait tout.

Dupin a ramassé au vol un petit morceau du secret de Victor. Et il l'a fait sien. Victor est obligé de partager avec Dupin un secret qui lui appartenait, à lui tout seul.

Victor ferme les yeux : il ne veut plus parler. Il écoute seulement le fracas monotone, discordant, du train qui fuit.

Peut-être bien qu'il s'endort.

6

Que faire ?

Qu'est-ce qui réveille Victor ? L'immobilité du convoi, sans doute ? Par la portière ouverte pénètre la lumière crue du jour, entre les têtes des soldats debout sur le marchepied.

« Alors, on repart, chauffeur ? crie l'un d'eux.

— C'est pas qu'on soit pressé, mais tout de même !

— À pied, on y serait déjà ! »

De gros rires ponctuent ces réflexions. Victor se redresse dans la paille tassée : Dupin dort toujours. La bouche ouverte, les joues rouges.

« Il en écrase, le petit frère ! »

Victor tressaille. Il lève les yeux sur le sergent-chef. Il ne s'explique pas pourquoi cet homme le met mal à l'aise : il est si peu différent des autres. Et il baisse la tête, comme si ce geste enfantin le dérobait à la vue du sergent. Il ne voit plus de lui que des gros souliers, le bas de sa culotte froissée.

Dans son sommeil, Dupin se gratte la tête, d'un geste convulsif.

« Ben dis donc... On dirait qu'il a des poux, le petit frère ! »

Les poux, Victor connaît. Il en a eu. Si Dupin a des poux, c'est son affaire. Et, machinalement, il se gratte la tête à son tour.

« Ça doit être dans la paille... »

Il voudrait que cet homme s'éloigne, qu'il rejoigne les autres.

« Peut-être que ce sont les soldats...

— Qui ont des totos ? » achève le sergent.

Victor n'ose pas dire « Oui ».

« Eh bien, c'est ça... Dis-nous que l'armée française est crasseuse ! »

Victor ne sait pas s'il plaisante ou s'il est furieux.

Le chuintement d'un jet de vapeur, un cahot subit du convoi :

« C'est parti !

— Enfin ! J'ai failli attendre ! »

Les hommes rient. Ils se regroupent en désordre dans le fourgon.

« J'boirais bien un coup ! »

Le sergent s'est assis dans la paille. Il débouche sa gourde. Il avale une gorgée :

« La dernière. Vivement l'étape !

— Vivement l'étape ! » approuve un de ses hommes.

Et il se met à brailler d'une voix de fausset :

« La Madelon vient nous servir à boire ! »

Dupin ouvre des yeux vagues. Un peu de sueur lui poisse les tempes.

« Où c'est qu'on est ?

— Madelon ! Madelon ! Madelon ! » vocifère le soldat.

Le tangage du train jette les hommes les uns contre les autres.

« J'ai chaud, gémit Dupin.

— Tant mieux, dit Victor, pour une fois qu'on ne gèle pas.

— Ouais... Mais j'ai trop chaud. »

Dupin s'assoit :

« Oh, dis donc... J'rêvais que j'étais retourné à l'orphelinat...

— Tu peux pas te taire ?

— Victor... J'ai soif. »

Dupin lève sur Victor des yeux qui implorent, et il se gratte le crâne, mécaniquement.

Une pitié contre laquelle il ne peut rien serre le cœur de Victor.

Il se lève, il titube parmi les soldats, il enjambe des genoux repliés. Il s'approche de Martial : c'est le seul qu'il connaît un peu.

« Mon... Mon petit frère a soif. »

Martial pianote sur son bidon :

« Il est vide.

— On a tous le gosier à sec, faut s'y faire, dit un soldat.

— T'en fais pas... »

Martial sourit :

« Au cantonnement, tu auras tout ce qu'il faut. »

Victor repart du côté de Dupin. Le sergent suit des yeux sa marche chancelante : le train file plus vite. La portière est restée à demi ouverte. Et le soleil entre, coulée jaune. Les hommes clignent les yeux. Dupin se protège de son bras replié. Les boutons de l'uniforme de Victor étincellent entre les pans de la pèlerine entrouverte. Il se rassoit. Il voit le regard du sergent sur les boutons de cuivre. Sur l'uniforme élimé. Le sergent a compris.

Victor prend Dupin par les épaules.

Il a besoin de quelqu'un contre lui, en cet instant.

Et il chuchote à l'oreille de Dupin :

« Le chef a tout compris. À l'étape, je te parie qu'il nous refile aux gendarmes. »

La joue de Dupin est brûlante contre la joue de Victor. Son haleine est sure :

« Qu'est-ce qu'on va faire, Victor ?

— On va se tailler.

— Comment ?

— Ne t'en fais pas. »

Et il resserre son bras plus fort autour des maigres épaules du petit.

« Oh, avec toi, j'suis tranquille. »

Dupin se laisse aller contre Victor. Il est aussi léger qu'un oiseau.

C'est drôle... Victor se sent mieux. Il plante ses deux yeux pâles dans les yeux du sergent. Et c'est le sergent qui détourne la tête.

Le convoi va lentement.

Victor regarde les champs vides. Les obus tombés du ciel les ont troués, labourés. On dirait qu'ils y ont fait pousser des barbelés, végétation stérile, et des croix, des croix de bois, pressées les unes contre les autres, pareilles à des soldats qui ouvriraient leurs bras.

De temps en temps, on aperçoit les ruines amoncelées d'un village, et le vol pesant des corbeaux qui tournoient.

« On a reconquis ça il n'y a pas si longtemps, dit le sergent. Il y faisait chaud, au printemps.

— Un peu plus et les prusos se pointaient à Paris...

— Il n'aurait plus manqué que ça. »

Dupin endormi contre lui, Victor écoute. Il se demande si son père a regardé, comme lui, la ligne grisâtre de la colline, ce bouquet d'arbres décapités, là-bas, et cette rivière aux flots jaunes où les décombres d'un moulin se regardent.

« Je lui demanderai, quand je le verrai. »

Tant, tant de choses à lui demander ! Tant de choses à lui dire : ah, ils n'auront pas assez de toute leur vie pour se parler, c'est sûr !

Dupin tressaille. Il ouvre de grands yeux vides. Il bredouille :

« Dis, tu vas pas me laisser, Victor ?

— Mais non.

— J'rêvais... J'rêvais qu'tu partais tout seul... Pour ton père... Comme t'as dit... Cette nuit. »

Le sergent les regarde. Dupin se racle la tête de ses ongles.

« C'est sûr que tu as des poux. Tu es capable de me les filer. »

Victor parle sans colère. Même s'il attrape toute la colonie de poux de Dupin, il s'en fiche, au fond.

« Allez, dors, tu n'as pas l'air bien...

— Tu m'promets ? »

Ils chuchotent, penchés l'un vers l'autre. Le sergent les regarde. Peut-être qu'il les écoute aussi, et qu'il les entend, malgré le halètement de la locomotive, malgré le bruit saccadé du train ?

« Dis... Tu m'promets, Victor ?

— Oui, je te promets.

— Sûr ?

— Sûr, allez, dors... Et ne rêve pas, ça ne sert à rien. »

Il répète :

« Dors, va... Marcel. »

Dupin a fermé les yeux. Il est très blanc. Une petite rigole de sueur dégouline de ses tempes sur ses joues. Il passe sa langue sur ses lèvres craquelées.

La voix du sergent fait sursauter Victor :

« Dis donc, petit, il est malade, ton frère !

— Non, chef, hier il n'avait rien !

— Mais aujourd'hui, il a quelque chose !

— Mon père dit toujours que Marcel, il est bâti à chaux et à sable !

— Y a plus de sable que de chaux », ricane le sergent.

Ils se taisent. Victor est encore tout étonné de ce qu'il vient d'inventer : c'est comme s'il permettait à Dupin d'entrer dans sa vie, tout à fait. Et il lui semble que Dupin sourit, vaguement.

Des maisons détruites, le long de la route, d'autres qui tiennent debout, des hommes qui passent à cheval, un paysan courbé entre les brancards du charreton surchargé qu'il traîne, et, au pied du remblai, flanquée d'un chien, une petite fille qui salue les soldats de la main :

« Nous vl'à rendus ! » jette une voix.

Victor se demande si c'est vraiment une bonne nouvelle pour lui et Dupin.

« C'est maintenant qu'il va falloir trouver une solution... »

Mais laquelle ?

N'ont-ils fait tout ce chemin que pour tomber entre les pattes des gendarmes ? Le regard du sergent-chef, posé sur Dupin, n'est pas très encourageant.

Alors, Victor tourne la tête vers Martial.

« C'est sûr que Martial va nous aider... Déjà, il m'a expliqué, pour les lettres... »

Et le train entre en gare : c'est un cube posé sur

le bord de la route, entre des poteaux télégraphiques. Sur le quai de terre battue déambulent des soldats et des civils qui viennent aux nouvelles. Perchés sur leurs grands chevaux, des gendarmes les surveillent.

Une femme maigre vend à boire. Elle sert à la louche des rations de vin rouge qu'elle puise dans un seau. Quand on la paie, elle glisse les pièces dans une aumônière qui lui pend sur le ventre.

Victor secoue Dupin :

« Réveille-toi.

— J'suis fatigué. »

Dupin se met debout. Il a du mal à ouvrir les yeux. Lorsque le train s'immobilise, Dupin tombe en avant. Victor le rattrape à bras-le-corps. Et Dupin se gratte la tête, mollement.

Autour d'eux, les soldats s'agitent, ramassent leur barda, plaisantent :

« Hé, les gars, vous croyez qu'il y aura de jolies filles par ici ? » s'écrie Martial.

Il est tout près de Victor qui l'agrippe par la manche.

« Qu'est-ce que tu veux, petit ? »

Qu'est-ce qu'il veut ? Mais ne le sait-il pas ? Il le lui a confié, cette nuit ! Victor, stupéfait, ne trouve plus ses mots. Et c'est Dupin qui bredouille, avec effort :

« J'veux aller au village... Chez la grand-mère.

— Il faut voir avec le chef, c'est lui qui commande, après tout. »

Martial a hâte de sauter du fourgon, avec ses camarades, il a hâte d'aller au cantonnement, de prendre une douche, de se faire beau. Il a hâte d'aller s'asseoir au café pour reluquer les filles. Et pour boire un coup.

« J'sais pas c'que j'ai... »

D'un revers de main, Dupin essuie son visage ruisselant.

Les hommes les bousculent pour s'échapper plus vite du wagon. Le sergent les regroupe.

Indécis, serrés l'un contre l'autre, Victor et Dupin n'osent pas descendre du wagon, comme si cet antre qui sent la paille et les hommes pas lavés était leur seule protection.

Et le sergent, du coin de l'œil, surveille ces deux silhouettes qui se découpent, fragiles, dans l'ouverture du wagon. Deux orphelins en cavale... Est-ce que ça le regarde, après tout ? Son travail est de retaper les voies bombardées ou de se faire trouer la paillasse, à l'occasion... Pas de ramener aux gendarmes les enfants qui fuguent.

« À chacun sa chance. »

Le sergent voit le grand descendre en premier. Il tend les bras au petit qui s'y accroche.

Quand Victor regarde dans sa direction, le sergent fait semblant de ne pas le voir. Victor et Dupin se faufilent lentement dans la foule.

« On dirait qu'j'ai des cloches dans les oreilles », gémit Dupin.

A-t-elle fait recette ? La femme maigre qui vend du vin s'éloigne en portant son seau à demi plein. Elle a le bras tendu, noueux comme une corde sous la manche remontée au coude.

« Dépêche-toi, Marcel.

— J'fais c'que j'peux. »

Dupin ressemble à un fantôme qui se serait entortillé dans un châle couvert de brins de paille.

Victor a rejoint la femme :

« Je peux vous aider, la mère ? »

Il est si anxieux qu'il ne parvient pas à sourire. La femme s'est arrêtée. Elle repose le seau. Elle se frotte le bras :

« C'est pas de refus. »

Victor empoigne le seau. Il se sent tranquille, soudain...

« On aura l'air d'être ses fils... Les gendarmes n'y verront que du feu... »

Ce qu'il ne comprend pas, c'est pourquoi le sergent les a laissés filer.

Ils remontent lentement vers la ville.

« J'ai soif. »

Dupin s'est arrêté.
« Tu boiras à la maison.
— J'en peux plus, Victor. »
La femme se retourne.
« Qu'est-ce qu'il a, ce petit ?
— Oh, rien... »
La femme leur jette un regard bizarre.
Victor empoigne Dupin par la main. Il le traîne derrière lui. Le poids du seau lui scie le bras. L'odeur du vin l'écœure.
« Vous êtes d'ici ? » demande la femme.
Victor n'a pas le temps de trouver une réponse : plié en deux, Dupin vomit dans la boue de la route.
La femme est restée interdite. Elle glapit, soudain, avec terreur, avec colère :
« Il est malade, çui-là ! »
Elle arrache le seau des mains de Victor. Elle repousse les enfants d'une bourrade :
« Filez chez vos parents avant que j'vous dénonce. »
Et elle part, à grands pas pressés, le seau se balance, des gouttes rouges étoilent le chemin.
« Elle est folle », dit Victor.
Dupin s'assoit par terre, recroquevillé. Il tourne le dos à la route. Ses jambes pendent dans le fossé.
« Allez, viens, Marcel.
— J'peux plus.

— Tu vas voir... Je te promets... On va s'en tirer... »

Victor répète ces phrases décousues. Comme une prière machinale :

« On va s'en tirer... Mon père est quelque part... Je le retrouverai... Et après, ce sera bien... Tu verras... Tu verras, Marcel... »

Mais les mots ne veulent plus rien dire. « Retrouver »... Qu'est-ce que ça signifie « retrouver » ? et « Père »... « Père »... Y a-t-il quelqu'un, derrière le mot « Père », quelqu'un qui l'attend ? ou seulement une image un peu décolorée ? L'image de quelqu'un dont on se demande s'il a existé... pour de vrai ?

Victor se tait : les larmes lui incendient la poitrine, lui remontent dans la gorge, l'empêchent de parler. Et il s'assoit, à côté de Dupin. Le petit le regarde :

« J'voudrais bien qu'tu l'retrouves. Ton père... »

Il parle avec effort :

« J'crois qu'ça m'fera... comme si j'retrouvais l'mien... »

Victor ne répond rien. Deux ombres s'allongent, au-dessus d'eux, sur l'herbe pauvre du fossé. L'ombre de grands chevaux. Entre leurs oreilles qui remuent se dessinent les képis des gendarmes.

— Tu vas [illegible]... [illegible]... On va s'en [illegible]...

Victor répète ces phrases décousues comme une [illegible].

« On va s'en tirer... [illegible] quelques [illegible] [illegible]... après ça sera bien... Tu [illegible] [illegible] Marcel. »

Mais [illegible] ne veulent [illegible] dire. « [illegible] [illegible] », qu'est-ce que ça signifie « retrouver » ? Et « [illegible] », « [illegible] » ? [illegible] dernière [illegible] « Père », quelqu'un qui l'aurait ? [illegible] seule[illegible] une [illegible] de [illegible] [illegible] de [illegible] qu'un [illegible] [illegible] demande s'il a existé, pour de [illegible].

Victor [illegible]. Les larmes lui [illegible] la [illegible] [illegible] dans le [illegible]. L'[illegible] [illegible] [illegible] à côté de [illegible]. Le petit [illegible].

[illegible] bien qu'[illegible] retrouvera [illegible]...

Il [illegible] avec [illegible].

« [illegible] ça [illegible] compte si [illegible] l'[illegible]. »

Victor [illegible]. Deux ombres s'allongent [illegible] d'eux, sur l'herbe [illegible] [illegible] l'ombre de grands chevaux. Entre leurs oreilles [illegible] les [illegible] des [illegible]

7

Le poilu

Victor s'assoit par terre, le dos au mur, dans la cour de l'hôpital. Une grande nappe de soleil la traverse en biais. Et tout le monde en profite.

Des convalescents se promènent à petits pas. Ils ont la tête bandée, un bras en écharpe. L'un d'eux sautille sur son unique jambe, agrippé à une béquille. Parfois, Victor entend le rire d'une infirmière qui passe, blanche comme un papillon, et il la suit des yeux.

Mon Dieu, quelquefois on dirait que la guerre est finie...

Les gendarmes ont ramassé Dupin. Ils l'ont conduit à l'hôpital. Ils le portaient comme un paquet crasseux que l'on tient du bout des doigts : « C'est pire que la peste, cette affaire-là », a dit l'un d'eux.

Victor se souvient du terme qu'ils ont employé : « la grippe espagnole ». Une grippe, autant dire une sorte de rhume...

« On m'a dit qu'on allait "aviser", pour moi. »

Victor attend. Il ne sait pas trop quoi. On lui a donné un bol de bouillon. Il a eu droit à une miche de pain. En cet instant, cela lui suffit.

Les gendarmes ont cru en leur roman. Et Dupin qui répétait, d'une langue embarrassée : « Saint-Quentin-les-Haies... Saint-Quentin-les-Haies... »

Victor a envie de rire. Et envie de voir Dupin.

Il se lève. Il traverse la cour. Il glane des mots au passage : « Comme des lapins... Ils détalent comme des lapins... » Les blessés parlent des Boches. Comment parleraient-ils d'autre chose ? Quand on ne fait pas la guerre, on en parle. Elle ne se laisse pas oublier.

L'odeur de l'hôpital prend Victor à la gorge, dans le couloir. Un infirmier qui véhicule un chariot le bouscule.

« Où tu vas comme ça ? »

Il ne répond pas. Tout à coup, il a peur. Cette

odeur, peut-être. Ou, par la porte grande ouverte de la salle commune, la vue de tous ces lits où gît quelqu'un qui a mal.

« Qu'est-ce que tu fais là, petit ? »

Victor reconnaît la sœur qui s'est chargée de Dupin.

« Je voudrais... Je voudrais voir... mon frère.

— Non.

— Pourquoi ? C'est mon frère, j'ai bien le droit.

— Il est très malade. »

Victor crie presque :

« Il n'a jamais que la grippe !

— Ce n'est pas une grippe comme les autres. »

La sœur paraît triste, ennuyée. Elle se mordille les lèvres.

Victor s'élance en avant, il fait irruption dans la salle commune. Il appelle :

« Marcel... Dupin... Dupin ! »

Et il court, le long des lits, en regardant chaque visage.

« Chut ! » lance une visiteuse assise au chevet d'un malade.

Le dernier lit est protégé par un paravent.

« Marcel ! »

Dupin ne bouge pas. Un souffle rauque passe par sa bouche entrouverte. Ses yeux fixent le plafond, comme s'il y avait, dans les auréoles que l'humidité y dessine, quelque chose qu'il est le seul à comprendre.

« Marcel ! »

Victor voudrait le secouer, le mettre debout, l'obliger à marcher, l'emmener : il leur reste tant de chemin à parcourir encore !

« Marcel ! »

Il est violemment entraîné en arrière. C'est un infirmier venu à la rescousse.

« Fiche-lui la paix, petit, dit-il très bas. C'est tout ce que tu peux faire pour lui. »

Victor a très froid tout à coup. Il se laisse emmener sans résister. Il se retourne seulement. Il ne voit rien que le paravent, dont dépassent deux objets noirâtres, jetés par terre. Les sabots de Dupin.

Le soleil s'est voilé, au-dehors. La cour n'est plus qu'un grand carré gris où des feuilles mortes se poursuivent, poussées par un vent aigre.

Plus personne ne s'y promène. Victor fait deux pas. Il se retourne. Il s'attend à voir la face hilare de Dupin s'écraser contre le carreau d'une fenêtre.

« Ce n'est pas vrai qu'il est aussi malade... »

Victor a l'impression que Dupin lui fait une horrible farce.

Il reste immobile. Le vent secoue les pans de sa pèlerine.

« Je vais quand même pas pleurer à cause de Dupin. »

Et pourtant... Dupin lui manque. Voilà, c'est cela... Dupin lui manque.

Alors, il arrive que l'on aime les autres, sans le savoir ?

Et lorsqu'on s'en rend compte, il est trop tard pour le leur dire.

Qu'il est bête ! Dupin est derrière lui... Dupin le regarde, avec son regard de chien... Victor fait volte-face.

Mais il n'y a, derrière lui, que le vide de la cour où crissent les feuilles sèches.

Victor repart à pas lents. Il n'a pas envie de rentrer dans l'hôpital.

« Là-dedans... ça me rappelle l'hospice. »

L'hospice... Ce mot à tout à coup une résonance bizarre. Victor murmure à mi-voix :

« Hospice... Hospice... »

L'on dirait le sifflement de l'un de ces serpents monstrueux dont lui a parlé son père : ils étouffent leurs victimes dans les replis de leurs énormes anneaux.

« Hospice... »

Et tout à coup, Victor comprend : Qu'est-ce

qu'il attend, dans cette cour, si ce n'est de retourner à l'hospice ? Il croit au Père Noël ou quoi ?

« Ce qu'"ils" appellent "aviser", c'est voir dans quel hospice "ils" vont me recoller ! »

Un instant, il fixe les hautes fenêtres de la salle commune. Il remarque certains carreaux, colmatés avec des bouts de carton ou des journaux qui frissonnent au vent : derrière, il y a Dupin.

« Pardon, Marcel... Mais il faut que je parte... »

Alors, parfois, les rêves finissent par être vrais ? Il entend la voix de Dupin : « J'rêvais... J'rêvais qu'tu partais tout seul... »

Victor tourne les talons. Il s'en va à grands pas, comme si le raclement de ses galoches, sur le ciment, assourdissait la voix suppliante de Dupin : « Dis, tu vas pas m'laisser, Victor ? » « Tu m'promets ? tu m'promets ? »

Victor court presque. Il s'arrête, hors d'haleine, au grand portail de l'hôpital. Les plantons sont réunis dans le poste de garde. Ils parlent fort. Ils regardent passer sans le voir ce grand garçon qui baisse la tête.

Cette brève course a rompu les jambes de Victor. Il marche à pas lents, droit devant lui. Le découragement l'écrase, et la fatigue, comme deux mains pesantes qui s'appuient sur ses épaules.

« Père, voudrait-il crier, Père ! »

Et un ou deux passants se retournent sur lui (pauvre petit, il a dû recevoir de mauvaises nouvelles...).

Le ciel s'est obscurci, de brusques gouttes de pluie criblent les pavés. Victor courbe le dos sous l'averse. L'eau lui dégouline dans le cou. Il s'arrête. Il s'appuie contre la petite porte d'une maison basse, à l'abri précaire de l'auvent.

« Je ne sais plus ce qu'il faut faire. »

Il a cru qu'il retrouverait son père, d'une manière ou d'une autre, d'une manière presque miraculeuse.

Et voilà qu'il tourne en rond comme un animal encagé qui, dans ses tours et ses détours, trouve l'illusion de la liberté.

Victor essuie la pluie qui lui ruisselle sur la tête, qui lui entre dans les yeux :

Ah ! s'il pouvait murmurer : « Qu'est-ce que tu en penses, Dupin ? Qu'est-ce qu'il faut faire ? »

Mais Dupin n'est plus là pour assurer : « Tu trouveras une idée, j'suis sûr... » Ou pour inventer une histoire de grand-mère ou pour poser sur Victor ses yeux confiants.

Et Victor se demande si Dupin n'était pas sa mascotte, à lui. Il lui donnait du courage.

« Ça va pas, petit ? »

Victor sursaute.

« Si, ça va. »

L'homme s'est arrêté devant lui. La pluie dégoutte de son calot décoloré, sillonne ses moustaches blondes. L'une des manches de sa capote est vide, remontée par une épingle de nourrice, sur l'épaule.

« Pourquoi tu restes sous la pluie, comme ça ? »

Victor hausse les épaules.

« Pourquoi tu rentres pas chez toi ?

— Je n'ai pas de chez-moi.

— Alors, qu'est-ce que tu fais là ? »

Victor détourne les yeux :

« J'ai mon frère qui est malade, à l'hôpital... »

Il ne peut en dire plus. Il est secoué de sanglots, comme par une rafale.

« J'en ai marre... J'en ai... marre... de la guerre.

— On en est tous là. »

Le soldat lui pose la main sur l'épaule :

« Allez, rentre, va...

— Où ?

— Ben chez moi... Tu es planté devant ma porte, tu m'empêches de passer ! »

Et le soldat se met à rire, comme s'il s'agissait d'une bonne blague. Il tourne la clef dans la serrure. Il repousse la porte.

« Tu vois, pour Antoine Robin la guerre est finie. »

Et il désigne sa manche vide. Victor baisse les yeux, gêné.

« T'en fais pas, va, lui dit Antoine Robin, on m'a donné la croix de guerre, en échange. »

Ils entrent directement dans une cuisine où ronfle un poêle.

« Tu boiras bien un bol de chicorée ?

— Oh oui ! »

Suffit-il d'un peu de chaleur, d'une cafetière qui chuinte sur le poêle, et d'un toit sur votre tête pour se sentir beaucoup mieux ? Victor fait un sourire au soldat.

« Allez, ôte ta pèlerine, qu'on la mette à sécher. »

Quand il verra son uniforme, l'autre va tout comprendre... Et soudain, Victor s'en moque. En cet instant, ce qui compte, c'est la douce chaleur qui lui passe par le corps, c'est le bol où fume le liquide noir, c'est la chaise de paille où il s'assoit.

L'odeur de la laine mouillée emplit la pièce. Le soldat s'installe en face de Victor. Il boit une gorgée. Il sort de sa poche un paquet de tabac gris, du papier à cigarettes :

« Le plus dur, dit-il, c'est de les rouler avec une seule main. »

Et il sourit, comme s'il avait dit quelque chose de très drôle. Victor se dit que son père à lui serait capable de crâner, comme ce poilu mutilé, qui se plante dans la bouche une cigarette contrefaite.

Alors, il ne peut plus se taire. Il parle à mots pressés. Il raconte tout.

Antoine Robin fume à petits coups. Il écoute. Quelque chose de triste passe dans ses yeux bleus.

« Si j'comprends bien, tu n'as pas de vrai frère, tu n'as pas de vraie maison, tu n'as pas de vraie famille ?

— J'ai rien que mon père. »

Dans le silence, Victor n'entend plus que le petit bruit que fait le poilu en aspirant la fumée de sa cigarette. Brusquement, il écrase le mégot sous sa semelle. Il se lève :

« Bon, c'est pas le moment de crever de faim ! Tu sais battre les œufs, pour faire une omelette ?

— Oui... Avec mon père, c'était toujours moi qui... »

Lorsque Victor fait craquer les coquilles sur le bord de la jatte, qu'il mélange de toutes ses forces les jaunes et les blancs, il a la certitude que rien n'est perdu... Peut-être parce qu'il vient de retrouver un geste « d'avant », tout simplement.

Au-dehors, la pluie tombe, incessante, infatigable. Sur la table, il ne reste que des miettes. Les verres sont vides.

Victor est appuyé sur les coudes. Sa tête dodeline.

« Va te coucher, là, dans l'alcôve, dit Antoine Robin.

— Mais ce n'est pas la nuit...

— Qu'est-ce que ça peut faire ? Allez, va. »

Victor hésite. Et si... Pendant qu'il dort... Les gendarmes... S'il avait dit trop de choses à Antoine Robin ?

« Allez, petit, dors... Tu n'as pas fait le plus dur, encore. »

Antoine Robin tire les rideaux de l'alcôve. Il y a une couette rouge et ventrue sur le lit.

« Qu'est-ce que tu attends ?

— Monsieur... Euh... Antoine, vous ne partirez pas pendant que je dors ?

— Mais non... »

Le soldat regarde le grand gamin s'allonger dans la couette, avec précaution. Il ferme déjà les yeux. Il étend ses jambes maigres.

« Attends, j'vais t'enlever tes galoches... »

Victor ne bouge plus. Il n'entend pas le soldat dire en riant :

« Dis donc, tu parles de chaussettes... À croire que tu sors des tranchées. »

Le poilu veille sur le sommeil de Victor. Il pense à la Guerre. La Guerre... On la déteste, mais lorsqu'on l'a faite, on ne cesse plus de songer à elle, comme à un amour perdu.

Il se dit que la Guerre, c'est aussi cet enfant seul qui part à la recherche de son père, parce qu'il ne peut pas croire que la Guerre le lui ait pris.

« Comme si “Elle” allait se gêner, tiens ! »

Mais, comment dire à Victor que les enfants ne sont pas de force contre la Guerre ?

« Tout ce qui lui reste, à ce petit, c'est cette idée, cette idée fixe... »

L'Espoir, en somme.

Antoine Robin a allumé une bougie. Elle se consume avec un lent filet de fumée qui monte tout droit au plafond.

Victor repousse son assiette vide. Il finit son morceau de pain :

« Il est drôlement bon.

— Pas comme du pain d'avant-guerre.

— Je crois... Je crois que je ne me souviens pas du pain d'avant-guerre », dit Victor.

Quand il s'est réveillé, il faisait nuit. Antoine Robin lui a permis de se laver dans l'évier. L'eau froide du broc lui a fait du bien. Et il est content de porter une chemise propre : elle appartient à Antoine, elle n'est pas tout à fait à sa taille, mais le pilou pelucheux est doux contre sa peau.

Victor, avant de se laver, a ôté le sachet de lettres qui pend à son cou. Le sachet est posé sur la table. Victor y appuie la main. C'est comme une caresse.

« Je sais que je le retrouverai », dit-il.

Antoine Robin se penche sur la bougie pour y allumer sa cigarette. Victor suit du regard la molle volute qu'il en tire.

« Je n'ai jamais fumé. »

Antoine Robin d'un revers de main lui envoie le paquet de tabac, le papier :

« Vas-y. Débrouille-toi. »

La cigarette de Victor a le nez pointu, la taille étranglée, un ventre énorme : il la regarde avec surprise. Puis, il la met à la bouche.

« Ne l'avale pas tout rond, quand même ! Et ne la tiens pas entre les dents. »

Victor rougit : il ne savait pas que c'était si compliqué de fumer. Alors, il croise les bras. Il renverse la tête en arrière. Comme il l'a vu faire, il y a très longtemps, à un homme dont la mèche noire retombait sur le front.

Assis sur les marches de la roulotte, les manches

retroussées, son père savourait ainsi sa cigarette, lorsque le soir tombait.

Quelquefois, il ne la fumait même pas. Elle brûlait seule. Jusqu'à lui roussir les moustaches.

Et Victor garde la cigarette entre ses lèvres jusqu'à ce qu'une suave piqûre les meurtrisse.

Il ferme les yeux.

« Alors, comment tu vas faire ? »

Victor enlève du coin de sa bouche le bout de mégot noir.

« Je vais repartir.

— Oui, mais où ?

— Je vais rechercher le RICM. Et je vais aller au dernier endroit où l'on a vu mon père vivant.

— Victor... Le dernier endroit où on a vu ton père vivant, c'est peut-être là qu'il est enterré.

— Non. »

Le poing de Victor se crispe sur le sachet de lettres.

« S'il était mort, on me l'aurait dit. Mais on m'a dit "disparu"...

— Un disparu... Tu sais, un disparu... »

Antoine Robin est incapable de continuer : les yeux de Victor sont trop clairs, trop fixes, trop durs, comme s'il voyait au-delà des choses.

Antoine Robin se sent mal à l'aise. Des milliers de disparus pourrissent au fin fond de charniers anonymes. Défigurés, broyés, écrasés, méconnaissables.

« Je peux quand même pas lui dire que c'est comme ça que son père a fini... »

Et il murmure, faiblement :

« Il est peut-être prisonnier...

— S'il était prisonnier, il m'aurait écrit, depuis un an. »

Victor se penche vers Antoine Robin :

« Je n'ai que lui... Et lui, il n'a que moi : c'est à moi qu'il écrirait, s'il était prisonnier. »

Il ajoute :

« C'est pour ça que je sais qu'il n'est pas prisonnier... Qu'il est quelque part... En France... Et qu'il m'attend. »

8

Vers l'est

Les yeux grands ouverts dans la nuit, Victor est incapable de dormir. Trop d'images l'en empêchent. Et l'idée du lendemain.

« Demain, on trouvera une solution... »

C'est Antoine Robin qui l'a dit.

Pour le moment, il dort, roulé dans une couverture, sur le sol. Il geint, dans son sommeil.

Couché là, dans sa maison, Antoine Robin retrouve, derrière ses paupières fermées, dans le tintamarre des « marmites » qui éclatent, le cauchemar gluant qu'il a vécu, pour de vrai. Ses souvenirs se réveillent tandis qu'il dort.

Il a un drôle de petit ricanement. Victor se dit qu'Antoine Robin revoit ceux qui sont morts depuis longtemps, et qu'il rit avec eux.

Victor se pelotonne dans la couette. Ses yeux piquent. Il écrase son visage dans l'oreiller.

« J'suis allé chercher du lait... Il y a du pain aussi. »

La voix d'Antoine Robin vient de très loin. Il fait jour. Victor pose les pieds par terre, et reste ainsi, comme étourdi.

« Tu sais... “Ils” ont l'air de dire... »

Antoine Robin remplit les bols de lait chaud.

« Enfin, il paraît qu'on tient le bon bout. »

Victor se lève.

« Ça veut dire quoi : “On tient le bon bout” ?

— Ça veut dire qu'on est en train de gagner la guerre. »

Antoine Robin prend son souffle, comme si l'émotion l'empêchait de respirer :

« Petit, c'est l'offensive générale...

— L'offensive générale ?

— On leur file la raclée, quoi, aux Boches ! On s'y met tous à la fois, et partout, les Français, les Anglais, les Belges, les Américains... »

Sa voix vibre :

« Quand j'pense aux copains... Quand j'pense aux copains... »

Et il se tait, il s'assoit. Victor s'assoit aussi. Il ne trouve rien à dire. Il pense à son père.

« Victor...

— Oui... »

Victor lève les yeux sur Antoine Robin.

« Tu sais, j'ai pensé à toi, petit... Si tu attendais le retour de ton père, ici ?

— Ici ?

— Mais oui... Vois-tu, j'étais boulanger, avant la guerre... Mais à présent, tu imagines... Un boulanger manchot... Alors, si tu voulais... »

Il détourne la tête : au fond, il est gêné par le regard immobile de Victor. Drôle de gosse...

« Victor... Tu pourrais rester ici... En apprentissage... Je te montrerais... Tu m'aiderais...

— Mais... Et mon père ? »

La voix de Victor est blanche.

« Justement... On écrirait, on remplirait des papiers, on chercherait des renseignements...

— Quels renseignements ?

— Ben... Où il est... Ce qu'il est devenu... »

Antoine Robin bredouille.

« Et puis, un jour, peut-être... Ton père viendrait ici... Pour te retrouver.

— Vous êtes sûr que mon père est mort ! » s'écrie Victor.

Il se lève, d'un bond. Et le bol de lait se renverse sur la table. Antoine Robin essuie maladroitement le lait répandu, avec un bout de chiffon. Victor le regarde faire, et soudain :

« Laissez », dit-il.

Il lui prend le torchon de la main. Il nettoie, en silence, la tête baissée, la bouche serrée.

Antoine Robin allume une cigarette. Il y met du temps.

Puis, il tente un dernier argument :

« Victor...

— Oui. »

Victor abandonne le chiffon. Il s'assoit. Comme il a l'air fatigué, tout à coup ! Des cernes noirs lui creusent les yeux. Il se retient de pleurer :

« J'sais pas comment te dire, Victor... Mais chercher ton père, c'est comme chercher une aiguille dans une meule de foin...

— Je vous demande pas de la chercher avec moi, l'aiguille !

— Sois raisonnable. »

Victor hausse les épaules : qu'est-ce que ça veut dire « raisonnable » ?

« Tiens, par exemple, si ton père a été envoyé sur le front d'Orient, avec l'Infanterie Coloniale.

— Et alors ?

— Tu vas partir à pattes jusqu'aux bords du Danube ? »

Victor regarde Antoine Robin, de haut. Un peu de rouge lui marque les pommettes :

« Si mon père était là-bas, je le saurais...

— Tu es une vraie tête de bourrique.

— Il paraît. Mon père me le dit toujours. »

Immobile, Victor écoute décroître les pas d'Antoine Robin sur les pavés. Quand il ne les entend plus, il se précipite vers l'armoire : il lui faut trouver quelque chose à se mettre. N'importe quoi, en échange de sa veste d'orphelin. Et il s'agit de faire vite.

« Il m'a dit qu'il reviendrait dans une heure... »

Et, dans une heure, Victor doit être loin.

« Il m'a dit qu'avec le numéro du secteur postal il allait essayer de s'informer... »

S'informer ! Fichtre !

« Il va cracher le morceau aux gendarmes, je le parierais ! »

Il ouvre l'armoire, il arrache à son cintre une veste noire. Celle que portait Antoine Robin quand il voulait faire l'élégant, le dimanche, avant la guerre.

La veste pend sur les épaules maigres de Victor. Ses mains disparaissent dans les manches trop longues.

« C'est encore pire... »

Il se débarrasse de la veste, avec colère. S'il remet son uniforme, c'est exactement comme s'il se promenait avec un écriteau : « Orphelin », accroché au dos.

Il avise un chandail, plié sur une planche, dans l'armoire. Lorsqu'il l'attrape, quelques billets de banque s'envolent : ils étaient cachés sous la laine. Ils se posent sur le sol.

Victor s'accroupit, il en ramasse un. Il le regarde, d'un côté, puis de l'autre.

Victor n'a jamais possédé d'argent. Il n'en a plus vu, depuis son entrée à l'hospice... D'ailleurs, il connaissait surtout les pièces que les spectateurs jetaient dans le chapeau claque qu'il leur tendait, après la représentation...

Il lit :

« Cinq francs. »

Qu'est-ce qu'on peut acheter pour cinq francs ? Du pain, un bout de lard ? Est-ce que pour cinq francs on peut monter dans un train et partir, loin, vers l'est ?

Victor enfourne le billet dans la poche de sa culotte. Et les autres ?

« Si je prends tout... Ce sera du vol. »

Il jette les billets, en vrac, dans l'armoire. Il en repousse le battant. Il enfile le chandail à toute vitesse. Il se couvre de la pèlerine.

Avant de sortir, il se retourne : il a de la peine tout à coup.

Il regarde sa veste d'uniforme, posée sur le dossier d'une chaise comme sur des épaules. Les manches froissées gardent encore la forme de ses bras.

C'est le souvenir qu'il laisse à Antoine Robin.

« Quand on part, il ne faut pas se retourner... »

C'est Papa qui disait cela. Ils quittaient un village où ils avaient hiverné... Les enfants couraient derrière la roulotte en criant : « Adieu, Victor, adieu... » Et ils agitaient la main.

Victor emportait un cadeau : une poupée de chiffon à la petite figure triste. Et il secouait la poupée en direction de ses amis, comme si c'était à elle de dire au revoir.

Au tournant de la route, les amis avaient disparu. Et le village. C'était comme s'ils n'avaient jamais existé.

Pourquoi Victor se souvient-il d'eux maintenant ?

Il marche vite. Dans sa poche, il serre sa main sur le billet de cinq francs.

La ville est vide. Seule, une petite vieille trottine devant Victor. C'est l'heure du communiqué. Les gens se sont assemblés devant la mairie. Ils attendent les nouvelles. Et si c'était de bonnes nouvelles, pour une fois ?

Victor ne sait pas où il va. Il tourne seulement le dos à la ville.

Un instant, entre les maisons, il aperçoit le porche de l'hôpital, un bout de la cour. Il s'arrête.

Courir jusqu'à Dupin, le prendre par la main et s'en aller, tous les deux !

Et puis Victor secoue la tête.

Il repart.

Allongé dans le champ désert, Victor ne bouge pas. La terre est froide contre ses jambes, contre ses bras. Il regarde le ciel plombé, au-dessus de sa tête. Le bref croassement d'un corbeau le fait tressaillir.

Et d'entre les nuages gris sortent d'autres oiseaux. De toile et de bois.

Victor n'ose plus bouger. Il entend leur sourd

ronronnement. Ils volent en escadrille, à la façon des oiseaux migrateurs. Ils vont vers l'est.

« L'offensive générale... » Victor saute sur ses pieds. Il arrache sa pèlerine. Il la secoue vers le ciel, de droite et de gauche, comme un drapeau. Pour saluer, pour dire merci, pour dire : « Allez-y ! »

Et il se met à courir, à toutes jambes, dans le champ pierreux, comme s'il voulait aller aussi vite que les aéroplanes. Il pousse des cris inarticulés.

Il s'arrête, il tombe à genoux. Il a un point de côté. Les avions s'enfoncent dans le ciel terne. Ils disparaissent.

Comme s'il avait des ailes, lui aussi, Victor se lève et s'élance vers la route.

Il s'y plante, les bras en croix, pour arrêter une charrette qui s'approche, grinçante et bringuebalante, au petit trot d'un âne.

« On m'a dit : "Vous êtes pas fou d'repartir là-bas ?" J'ai dit : "J'veux voir c'que les Boches ont fait d'ma ferme..." »

Victor est assis à côté du vieux paysan. Par moments, il l'écoute. Par moments, il ne l'écoute pas. Depuis le matin, le vieil homme ressasse la même rengaine.

« On nous a r'foulés vers l'arrière, en 16, comme

des bestiaux, rapport aux prusifs qui s'ramenaient... Faut croire qu'y nous couraient derrière. »

Le vieux éclate de rire, subitement. Et son rire s'arrête, tout aussi subitement :

« J'veux voir c'que les Boches ont fait d'ma ferme... »

Le vieux, au fond, ne s'intéresse pas à Victor. S'il était resté seul, sans doute parlerait-il à l'âne. Parce que c'est le son de sa propre voix qu'il veut entendre. Pour se persuader qu'il a raison.

« Mes derniers sous, j'les ai mis dans c'te carriole... Dans c'te bourrique... »

Il se tourne brusquement vers Victor :

« J'veux voir c'que les Boches ont fait d'ma ferme.

— Oui, grand-père... »

Mais déjà l'autre l'a oublié. Il claque de la langue pour encourager l'âne.

Et il encense, comme un cheval, à petits coups de tête obstinés.

Une grosse goutte de pluie s'écrase sur la main de Victor. Il lève les yeux vers le ciel qui charrie des nuages noirs.

L'âne marche à pas lents, la tête basse. Le vieux s'est tu. Les sourcils froncés, il remue les lèvres, inlassablement.

Victor regarde, inquiet, à droite et à gauche. Vers les collines où ils viennent buter, un cours d'eau traverse les champs, au loin, pareil à un lourd serpent immobile.

Victor touche le bras du vieux :

« Il pleut plus fort, grand-père. Il faudrait s'arrêter.

— J'veux voir c'que les Boches ont fait d'ma ferme ! » crie-t-il d'une voix grêle, avec colère.

La pluie tombe, maintenant, à grands jets obliques. Victor se dresse sur le siège, avec l'espoir d'apercevoir un clocher, pas très loin, une maison, un bouquet d'arbres... N'importe quoi où s'abriter. Il ne voit rien.

Il croit se retrouver dans une de ces contrées où l'on ne voyage qu'en rêve. Il n'y rôde âme qui vive sous le ciel fermé, dans l'immensité des champs vides...

Et l'on voudrait courir... Courir à toutes jambes... Le plus loin possible... Mais l'on ne peut pas.

D'un coup, l'âne s'est arrêté.

« Vas-y, baudet ! » s'exaspère le vieux.

Il le frappe d'un coup de baguette. L'animal ne bouge pas.

« On le croirait en plomb... », se dit Victor.

L'eau ruisselle sur l'échine pelée de la bête. Et

les coups pleuvent en même temps. Sans que la charrette avance d'une demi-roue.

Ils sont arrêtés en plein milieu de la route. Victor s'abrite dans la pèlerine, comme il peut. Les yeux mi-clos, il n'entend que la pluie qui crépite et les coups qui grêlent sur les os saillants de l'âne...

Une brusque embardée : la carriole a fait un bond en avant. Le vieux a un rire de triomphe qui ressemble à un gargouillis. Mais l'âne arrête net son effort. La carriole s'immobilise.

Le vieillard se dresse, la badine levée au-dessus de la tête :

« Tu vas avancer, oui, sale bête ? »

Il hurle. Il fouette l'air, de droite, de gauche, avec sa baguette. Il l'abat sur l'âne, où il peut :

« J'veux voir c'que les Boches ont fait d'ma ferme ! Sale bête... Sale bête...

— Attendez, grand-père ! »

Victor saute à bas du siège. La pluie l'aveugle. Elle tombe si dru qu'elle paraît jaune, épaisse, déjà devenue boue.

Victor se précipite à l'avant. Il tire l'âne par sa têtière, de toutes ses forces :

« Allez, viens... Viens, âne, ne fais pas la mauvaise tête... »

Et il retrouve tous les mots absurdes, décousus,

qu'il disait lorsque son vieux cheval refusait d'aller plus avant.

Mais les ânes et les chevaux ne doivent pas utiliser le même langage : l'âne ne bronche pas.

Au loin roule un sourd grondement.

« Les Boches ! crie le vieux... Les Boches ! »

Il regarde vers le ciel, la bouche entrouverte :

« Y reviennent !

— Mais non, grand-père ! C'est le tonnerre, rien que le tonnerre... »

Alors le vieux se met à frapper à tour de bras sur l'âne, avec effort, en haletant, à chaque coup :

« J'veux voir c'que les Boches ont fait d'ma ferme... »

Les yeux fixes, la bouche ouverte, il frappe, frappe, comme s'il ne pouvait plus s'arrêter.

En entendant tonner, tout près, il reste un instant pétrifié, les bras en l'air. La baguette lui échappe. Le vieux tombe en arrière, sur le siège.

« Grand-père... »

Victor grimpe près de lui.

« Grand-père... »

L'homme gît, renversé. Ses doigts s'agitent, comme s'il cherchait son bâton. Il bredouille :

« J'veux voir... »

Et il se tait. Il ne bouge plus.

« Hé, grand-père... »

Victor le secoue. Le vieux glisse sur le côté. Et la pluie entre dans sa bouche ouverte, dégoutte sur son menton hérissé de poils blancs.

« Hé, grand-père... »

L'eau coule dans les yeux du vieux sans qu'il cille.

Victor ne bouge plus. Il ne sent pas la pluie glacée. Il regarde le vieil homme.

D'un geste hésitant, il lui soulève la main. Et puis, il la lâche. Elle retombe...

C'est donc cela, la mort ? Ce n'est pas plus que cela ?

Et l'âne brait, soudain, d'une manière lamentable. Victor sursaute, de la tête aux pieds. Il se jette à bas de la voiture, il franchit le fossé, d'un bond, il s'élance à travers champs, vers les collines basses, là-bas.

On dirait qu'il a le diable à ses trousses.

Il ne saura jamais que l'âne s'est mis en route et qu'il part, droit devant lui, en traînant la charrette.

9

De l'autre côté de la rivière

Victor longe la rivière. Son eau épaisse, toute chargée de limon, grossie par les pluies d'octobre, déborde dans les champs, en mous festons.

En remontant son cours, Victor sait qu'il se dirige vers l'est.

Il a l'impression d'être seul avec la rivière. La crête des collines lui dérobe l'horizon. Il marche. Comme une mécanique. Un pas, puis l'autre. Malgré la pèlerine alourdie par la pluie, malgré la gadoue qui colle à ses galoches, il marche. Il ne pense à rien. Il marche.

La rivière fait un coude, soudain. C'est la colline qui finit là, abrupte. Et la rivière se serre à ses pieds, arrondie, pareille au chat qui dort.

Au bord de l'eau se hérissent les débris d'un arbre mort.

Victor s'arrête. Il s'adosse au bois humide. Et, tout à coup, il sent la fatigue. Elle pèse dans ses chevilles. Elle brûle dans ses cuisses.

Victor se laisse tomber assis, lentement. Il appuie sa tête contre l'arbre, il en sent l'odeur de moisi. Il ferme les yeux. Il n'a plus beaucoup de courage. C'est bête.

Il appuie sa main sur sa poitrine. Contre sa peau, il sent le petit sachet de lettres. S'il les relit, il est sûr que son courage reviendra. Il les sort avec précaution du sachet... Cette maudite pluie ! Père !... Il a écrit sur du papier quadrillé, où parfois une tache d'encre fait une étoile violette, des mots... Toujours les mêmes... Peut-être parce que la peur ne change jamais ? Ni la nostalgie ? Ni l'amour qu'on vous a arraché ?

Qu'est-ce qu'on peut dire d'autre ?

« *Mon fils, ils ne se rendent pas compte... C'est pire que l'enfer... Parce qu'en enfer, je sais qu'il n'y a ni rats, ni poux, ni mitrailleuses, ni barbelés...*

Il n'y a que le feu. Et le feu fait moins peur... »

D'une voix hésitante, que la pluie morne semble étouffer, Victor lit tout haut les lettres de son père, comme on chante dans le noir, lorsqu'on a peur.

« *Fils,*

Est-ce que ça finira ? Quelquefois, je me dis que c'est sans fin.

Fils,

Où es-tu, mon pauvre fils ?

Quelquefois, je me dis que je ne sais même pas où tu es, ni qui tu es... Parce qu'on m'a volé des années de ta vie... Et qu'on ne les retrouvera pas, ni toi, ni moi... Si on se revoit. »

« Père, dit Victor, Père... »

Et, dans sa bouche, il y a le goût des larmes.

« *Fils,*

Ça durera des années et on y passera tous. Je le sais maintenant... À moins que... »

« *À moins que...* » Son père a rayé, à grands traits de plume, la fin de la phrase : Victor l'avait oublié... Qu'a-t-il voulu dire ? « *À moins que...* » Avait-il un projet, une idée ?

Une goutte d'eau qui glisse sur la feuille en fait couler un peu d'encre. Victor enfouit les lettres dans le sachet, le sachet sous sa chemise, à l'abri. Si la pluie délaie l'encre, que lui restera-t-il ?

Il se met debout. Ses genoux tremblent.

« C'est rien, j'ai faim. C'est tout. »

Il part vers la plaine. La pèlerine trempée pèse lourd. Il marche à petits pas. Ses pieds butent contre les cailloux.

La plaine s'étend, chauve, bosselée. Victor a l'impression qu'elle ne conduit à rien et que, de plaine désertée en plaine désertée, il va arriver jusqu'au bout du monde.

Est-ce le soir qui tombe ? Tout devient indistinct, autour de lui. Et la pluie, et la boue, et le ciel sont de la même couleur terreuse.

Victor gravit une butte. Il est penché en avant. Lorsqu'il arrive en haut de la butte, il tombe, les bras tendus.

Il entend tonner des carillons. Ils l'assourdissent. Et, avec la pluie, de la sueur lui coule dans les yeux.

La nuit descend, froide, noire, silencieuse. Les carillons s'éloignent, peu à peu, comme s'ils allaient tonner plus loin. Victor se redresse.

Et, dans l'obscurité où chuchote la pluie, il voit une lumière. Elle tremblote. Il ne peut pas dire si elle est très près ou très loin.

« Une lumière... »

Cela veut dire un endroit où avoir chaud, où être au sec.

Victor se met debout. Il appelle :

« Hé... Hé... »

Et sa voix lui revient, toute faible, comme si elle s'était heurtée à la frange de pluie.

« Hé... Hé... »

Au fond, il suffit de marcher tout droit, vers la lueur qui tremble.

Il fait trois pas. La butte redescend en pente. Il trébuche. Il a touché quelque chose. Il tâtonne : on dirait ce qu'il reste du tronc d'un arbre frêle, avec deux branches...

Deux branches ? Victor se souvient des croix de bois, le long de la voie ferrée... Et de leurs bras tendus.

« Il y a des soldats, ici... Des soldats enterrés... »

Les mains en avant, il va de droite et de gauche. Une croix l'arrête, puis une autre. Il a l'impression que les croix le heurtent, le bousculent, l'empêchent de passer. Elles se pressent autour de lui. Il sent leur bois contre ses jambes.

Il tend la main, comme pour appeler au secours, et sous ses doigts s'écrasent les fleurs desséchées d'une couronne.

Il voudrait crier. Il ne peut pas. Il voudrait courir. Il ne peut pas. Une croix le retient par un bout de sa pèlerine.

Les croix ne veulent pas le laisser partir. Parce que les soldats morts veulent que Victor leur tienne compagnie... Un tout petit peu.

Et, les yeux dilatés dans la nuit, Victor se rend compte qu'au loin la lumière s'est éteinte.

Victor bouge un bras, puis une jambe. Il remue avec peine. Il entrouvre les yeux. Alors, il a réussi à dormir, roulé, dans la pèlerine gorgée de pluie, seul avec les défunts ?

L'aube point. Entre les nuages noirs s'allongent de longues stries pâles. Et un oiseau crie, quelque part.

Victor se redresse. On dirait qu'il a reçu une volée de coups de bâton. Il porte la main à sa gorge : elle brûle.

En s'appuyant à la croix la plus proche, Victor se met debout.

« Alors... C'était bien une maison... Là-bas. »

Derrière un boqueteau dépouillé, il voit un toit gris, un pan de mur.

« On dirait presque un château... »

Il voudrait courir : il ne fait que trébucher dans

le fouillis des croix. Au pied de la butte, il aperçoit de l'eau qui stagne, opaque et jaune : la rivière. Elle n'a donc fait une boucle que pour mieux retrouver Victor ?

La maison qui est si près... Et cette rivière qui l'empêche d'approcher... Le cœur de Victor bat à grands coups douloureux.

Il pense à ce qu'est une maison, une vraie. Avec un feu qui vous brûle la peau, si vous lui tendez les mains. Et un lit... Oh, rien qu'une paillasse... Mais bien sèche. Et le lait bouillant qu'on avale, à petites gorgées : sa chaleur vous vient jusqu'au bout des doigts... Alors, on s'endort, et l'on ne pense plus à rien.

« Il faut que j'arrive à la maison... »

Victor fait quelques pas, le long de la rivière. Et il glisse dans les joncs qui poussent au bord. Il voit toujours la maison.

Victor prend son souffle, essaie d'appeler, mais sa voix est rauque, basse, les sons ne peuvent plus en sortir...

Alors, il laisse tomber la pèlerine. Il tente d'en faire un paquet qu'il tiendra au-dessus de sa tête. Mais la laine rugueuse, humide, est difficile à plier. Les mains de Victor tremblent. Il laisse tomber la pèlerine dans les joncs...

Et puis, il ôte ses galoches.

« Ça... Il ne faut pas les perdre. »

Il noue les lacets de l'une avec ceux de l'autre. Il les passe autour de son cou. Les galoches ballottent sur sa poitrine. Il s'assoit dans les joncs pour se laisser glisser dans l'eau.

Elle est froide. Elle encercle ses mollets comme des bracelets glacés.

Peu à peu, elle lui monte jusqu'à la taille, tandis qu'il avance à petits pas, les bras tendus vers l'autre rive.

Victor ne pense à rien d'autre qu'à l'autre rive. À la maison, tout au bout du grand pré nu...

Il n'a même pas le temps de crier : le fond spongieux dérape sous ses pieds... Il bat l'air des mains... Sa tête disparaît sous l'eau.

Victor se débat comme une bête qu'on essaie de noyer. Il donne un grand coup de pied. Il émerge, à demi. Il crie. Il griffe le vide de ses ongles. La bouche pleine d'eau limoneuse, il étouffe.

Et soudain, il sent une pierre, sous ses pieds, quelque chose de solide : et d'autres pierres, encore. Le fond remonte vers l'autre rive. Victor se déchire les genoux aux cailloux, s'écorche les mains aux joncs. Il sort de la rivière. Il reste couché sur le bord, en boule, comme un tas de chiffons.

Il faut repartir...

Il se met debout. Il ne savait pas que le sang pouvait battre si fort, dans les oreilles. Sa tête tourne. L'eau boueuse coule de ses habits, le transit.

Il marche, les yeux fixés sur la maison. À chaque pas, il a l'impression qu'elle est plus loin.

Comment est-il arrivé là ? Comment a-t-il pu pousser la porte de l'écurie vide ? Et s'affaler dans la première stalle venue ?

Victor se retourne dans la paille pourrie où il est tombé, face en avant.

Il y a un toit, au-dessus de sa tête, avec des poutres où s'entrelacent des toiles d'araignée. Et, en face de lui, de l'autre côté du couloir aux gros pavés, un mur aux petites fenêtres dont les vitres ont été brisées. À des clous pendent encore des harnais, un fouet.

Les paupières de Victor se ferment. Il n'en peut plus.

Et il entend comme un frôlement... Quelqu'un l'a suivi, dans l'écurie. Quelqu'un marche sur la pointe de ses pieds nus. Et retient son souffle. Et s'approche à petits pas.

Victor fait un effort pour ouvrir les yeux. Qui... Qui est là, penché vers lui, dans l'ouverture de la stalle ?

Victor voit d'abord l'œil noir du revolver, puis le noir d'une vieille veste d'amazone aux brandebourgs décousus et enfin un visage, noir, lui aussi, dans le contre-jour.

Victor veut parler, s'expliquer, se justifier : il remue les lèvres en silence.

En cet instant, un pauvre rayon de soleil traverse les carreaux cassés : il arrache des étincelles aux cheveux rouges d'Aliénor de Tornegat.

10

Aliénor aux cheveux rouges

« Non, Dupin, “disparu” ça veut pas dire “mort”...

— Taisez-vous. »

Cette voix si enfantine encore claque comme un coup de fouet. Victor veut ouvrir les yeux. Mais ses paupières pèsent, comme si elles étaient pleines de sable.

« Ne bougez pas... »

C’est la première fois que quelqu’un le vouvoie. C’est étonnant et amusant. Victor a l’impression qu’il éclate de rire.

« Tenez... Buvez. »

Une main lui relève la tête. Il sent quelque chose de chaud, d'alcoolisé lui couler entre les dents, sur le menton. Et lui incendier la gorge.

Il retombe en arrière. On l'enveloppe dans de la laine sèche et lourde, à l'odeur de cheval.

« Je ne peux rien faire de plus, dit la fille aux cheveux rouges.

— Ne partez pas », balbutie Victor.

Personne ne lui répond. Aliénor de Tornegat est déjà sortie de l'écurie.

Victor essaie de bouger les bras, les jambes, mais son corps ne lui obéit pas. Il a l'air d'appartenir à quelqu'un d'autre.

Et Victor laisse ce drôle de corps retomber dans le trou noir d'où il a tant de peine à le sortir...

Il y parvient pour parler avec Dupin, quelquefois...

Quelquefois, c'est la voix d'Aliénor qui l'en arrache lorsqu'elle lui jette : « Taisez-vous... »

Et il a l'impression de remonter du fin fond de l'eau, le souffle court, les membres lourds.

Quand Aliénor se penche sur lui pour le faire boire, il sent quelque chose de doux qui lui chatouille la joue : une mèche de cheveux.

Les cheveux rouges d'Aliénor sentent le feu de

bois, ou l'air froid du dehors, ou le pelage de bête... Mais de quelle bête ? Victor n'en sait rien.

Et comment sait-il qu'elle s'appelle Aliénor ? Il ne s'en souvient plus... Elle a dû le lui dire. Ou alors, c'est lui qui a inventé ce nom pour elle ?

Victor ouvre les yeux. Il remue les bras et les jambes, aussi. De la couverture de cheval sortent ses deux pieds nus, aux ongles noirs :

« Où sont mes chaussettes ? »

Cette question l'occupe, comme si elle était vraiment primordiale.

Et puis, il regarde autour de lui. Il reconnaît l'écurie. Il reconnaît les vitres cassées, les poutres du toit, les harnais qui pendent au mur... Et pourtant, il a l'impression qu'il ne les a vus qu'en rêve.

Il entend claquer des bottines sur les pavés. Il reste immobile. Il n'ose pas se retourner.

Il entend le bruit léger que fait une jupe longue, lorsqu'elle frotte contre un jupon. Sa gorge est serrée.

Aliénor s'agenouille dans la paille moisie. Elle tient à deux mains un bol qui fume. Et Victor ose la regarder en face.

« Ah, vous êtes réveillé ? » dit-elle simplement.

Elle ne sourit pas. Quel âge peut-elle avoir ? Quatorze ou quinze ans ? Dans le désordre de ses cheveux rouges répandus, son visage paraît encore plus pâle.

« Il faut boire. »

Tant bien que mal, Victor se redresse. Aliénor l'aide à boire. Il ne la regarde plus. Il respire seulement le parfum de ses cheveux. Et c'est comme s'il la reconnaissait.

Il a fini le bol. Il ramène ses pieds sales sous la couverture. Tout à coup, il est gêné.

Aliénor se relève. Victor n'a pas envie qu'elle s'en aille. Il a envie de parler à quelqu'un, n'importe qui. Même si ce « n'importe qui » est une fille, comme il n'en a jamais vu, avec ses cheveux rouges... D'ailleurs, il a vu si peu de filles dans sa vie...

Elle fait un pas, Victor la retient par le bas de sa jupe. Elle trébuche.

« Ne me touchez pas. »

Et elle tire sur sa jupe noire, d'une main. Un instant, Victor croit qu'elle va le gifler.

Il s'excuse, d'un ton piteux :

« S'il vous plaît... Restez un peu ici. »

Elle hésite. Elle le toise. Ses yeux ont la couleur de l'ambre, comme les yeux des chevreuils. Elle serre contre la faïence du bol une main fine, tachée de rousseur.

« Qu'est-ce que vous faites ici ?

— Je ne sais pas. »

Victor se sent incapable de raconter ce qu'il a vécu, comme s'il allait réveiller les fantômes d'un cauchemar. Et il dit, bêtement :

« Où sont mes galoches ?

— Vous étiez sans galoches...

— Alors je les ai perdues dans la rivière. »

Aliénor ne l'entend pas. Elle part, à grands pas.

Victor n'ose pas la rappeler.

Il réussit à se mettre debout, et mille mouches noires voltigent devant ses yeux. Il s'accroche au bois de la stalle.

Le chandail a séché sur lui, comme sa culotte. Il a l'impression d'avoir des habits de carton.

Il aperçoit un petit tas de laine moisie : ses chaussettes, jetées en boule. C'est donc Aliénor de Tornegat qui les lui a ôtées ? Il ne se souvient de rien.

Les pavés sont glacés sous ses pieds. Il se tient d'une main au mur, en se traînant vers la porte de l'écurie.

Au-dehors, le ciel est blanchâtre. Victor voit les entrelacs boueux de la rivière zigzaguer dans les champs gris. Et, si petites vues d'ici, les croix qui grimpent le long de la butte.

Il a donc parcouru tant de chemin ?

Avant d'entrer dans la maison, il hésite. Il se souvient du revolver, le premier jour...

Et il pousse une porte, celle qui donne sur les communs. Tout est silencieux.

L'immense cuisine semble abandonnée, malgré l'énorme fourneau de fonte. Il n'y a plus ni table, ni bancs, ni chaises de paille.

Victor s'accote au mur. Ses jambes sont en coton.

Et il sent une bonne odeur... Qui vient... Il ne sait d'où... Une odeur de graisse qui frit.

De l'office, part un escalier en colimaçon. Victor le gravit, lentement.

L'odeur de graisse vient d'une grande pièce, qui ouvre sur le palier où débouche Victor.

Il va à pas hésitants jusque-là. Il reste sur le seuil, à demi caché par les tentures à pompons, drapées autour du chambranle.

La fille aux cheveux rouges est penchée vers la cheminée de marbre. Le feu fume. Et elle touille dans une poêle, avec une fourchette.

Par les volets mi-clos passe un rai de clarté.

« Pourquoi n'ouvre-t-elle pas les volets en grand ? Pourquoi a-t-elle l'air de se cacher ? »

Sur un guéridon, pas très loin de la cheminée, il aperçoit le revolver...

La fille aux cheveux rouges sursaute. Sa main se crispe sur le manche de la poêle :

« Qu'est-ce que vous faites là ? »

Elle coule un regard vers le revolver.

« J'ai faim », dit Victor.

Aliénor sort la poêle du feu. Victor sent sa bouche se remplir d'une salive aigre qui lui brûle les muqueuses. Il regarde fixement la poêle.

La fille aux cheveux rouges fronce les sourcils.

« J'ai faim... »

Victor s'effondre dans un fauteuil. Il appuie sa tête au dossier. Son cœur bat à coups précipités.

« Tenez... »

Aliénor lui met dans la main la fourchette en argent. Victor pioche dans la poêle, d'un geste maladroit.

Les champignons sont bons.

Le feu prend. Des flammes jaunes sautent autour de la bûche.

Victor croque dans une pomme rabougrie. Aliénor pèle la sienne avec un petit couteau à manche de nacre.

« C'est le seul qui reste », remarque-t-elle.

Et elle fait tourner la nacre dans la lumière du feu.

« “Ils” sont venus... “Ils” sont venus comme s’ils sortaient de tous les côtés à la fois... »

Les yeux grands ouverts, Aliénor regarde le feu.

« Et nous avons dû partir... Et leur laisser Tornegat... “Ils” s’y sont installés...

— Et nous... dit Victor, nous... “Ils” nous ont bombardés... »

Il regarde la petite figure pâle d’Aliénor où le feu jette des ombres et de brusques clartés.

« Vous êtes partis où, quand les Boches sont arrivés ?

— À Paris. »

Aliénor répond d’un ton bref. Comment est-elle revenue toute seule à Tornegat et pourquoi ?

Elle se tourne vers la fenêtre, et elle parle à mi-voix...

« D’habitude... À cette heure-ci... Je selle Orion... Et je pars... On traverse le pré, au galop... Et l’air est froid... »

Elle se tait, Victor la regarde. Les yeux jaunes d’Aliénor, fixés sur le volet, rayonnent de larmes.

Et l’une d’elles glisse sur sa joue en une longue trace nacrée.

La fille aux cheveux rouges est comme tout le

monde : le souvenir des jours heureux lui crève le cœur. Victor se sent moins intimidé.

« Moi aussi, j'ai un cheval... Enfin... J'avais.

— Peut-être, mais pas comme Orion !

— Peut-être pas comme votre Orion... D'abord, le mien s'appelait Jacotte... C'était une jument... »

Il revoit les yeux de velours de Jacotte, lorsqu'elle les tournait vers lui, pour réclamer une sucrerie, ou sa démarche dandinante, une fois détachée de la roulotte, tandis qu'elle paissait dans le premier champ venu...

Comment expliquer ce qui lui gonfle la poitrine, tout à coup ?

Sans doute faut-il être très savant pour pouvoir exprimer ce qui vous rend un animal si proche ? Plus qu'un ami... Un petit morceau de vous...

« Pauvre Jacotte. Elle a dû traîner des tombereaux de munitions... Ou des cuisines roulantes, une fois réquisitionnée... Elle n'était pas assez belle pour faire une monture d'officier...

— Mais Orion était beau, lui. »

Le regard d'Aliénor est dilaté par d'affreuses visions... Les animaux souffrent, pendant les guerres, autant que les hommes. Mais eux, ils ne comprennent pas pourquoi.

Aliénor se lève d'un bond. Elle sort en courant de la pièce.

Victor entend, avec fracas, claquer une porte.

La fille aux cheveux rouges doit avoir le cœur bien gros : elle a oublié le revolver sur le guéridon.

Victor tourne entre ses doigts le trognon de pomme, rongé jusqu'à la tige.

« Elle va revenir ou pas ? »

Il ne sait pas quoi faire : Aliénor attend peut-être qu'il retourne à l'écurie, maintenant, jusqu'à demain ?

Il tend l'oreille.

« Pas un bruit, dans cette baraque ! »

Et l'engourdissement qui a endormi la maison le gagne peu à peu...

Sa tête glisse, le long de la soie du fauteuil, jusqu'au creux de son bras replié sur l'accoudoir. Il est bien. Il va dormir, et il aperçoit un portrait, pendu au mur.

C'est une dame dont les cheveux poudrés sont entremêlés de perles... Elle serait jolie si... Si, elle n'avait pas deux trous noirs à la place des yeux.

Victor serre très fort les paupières.

« Bonsoir, Père... »

Cette voix l'a si souvent éveillé, lorsqu'il était couché dans l'écurie, qu'elle fait sursauter Victor.

Une voix haute, cristalline :
« Bonsoir, Père. »
Aliénor ouvre une porte :
« Bonsoir, Bonne-Maman. »
Victor se frotte les yeux.
Il se lève. C'est la nuit qui passe à travers les volets, maintenant. Une nuit précoce d'automne, avec son parfum d'humidité, de feuilles mortes, d'eau stagnante.
Il aperçoit le long palier obscur où se promène la lueur vacillante de la bougie d'Aliénor. Il voit, un instant, flamboyer ses cheveux.
Il avance à pas incertains jusqu'à elle. Aliénor a refermé la porte. Elle s'appuie au battant. La flamme de la bougie tressaute devant ses yeux fixés très loin.
« Je veux faire comme s'ils étaient encore là. Pour me souvenir de tout. De comment c'était, avant.
— Ton père et ta grand-mère... Ils sont... Ils sont... »
Tiens ? Il a osé la tutoyer !
« Oui. Papa a été tué en Champagne... Pas loin d'ici... Et ma grand-mère, à Paris, pendant les bombardements du printemps... Tu sais... »
Alors ? Elle aussi, elle le tutoie ?
« C'est bête, quelquefois, je me dis que tous les

deux sont là... Derrière la porte... Ou lorsque j'entre dans l'écurie, je crois qu'Orion m'y attend. »

Elle lui sourit, comme si elle s'excusait.

« Allez, venez, je vais vous montrer votre chambre. Vous n'allez pas rester à l'écurie, tout de même ! »

Quelle drôle de fille !

Il la suit. Une porte du palier ouvre sur un couloir en dédale.

« C'est presque aussi grand que l'hospice. »

Il entre à la suite d'Aliénor dans une chambre sombre.

« Il y a un lit... »

Aliénor lève sa bougie au-dessus de sa tête :

« C'est tout ce qui reste...

— Ça suffira. »

Il n'a jamais vu de lit plus grand, en forme de barque, avec des têtes de lions dorées à chaque bout.

« On l'appelle la chambre impériale. Cela ne devait pas plaire aux Prussiens : ils ont fait du feu avec les meubles. »

Elle a un petit rire bizarre. Victor n'aime pas qu'elle rie comme ça : elle a l'air d'une grande personne, tout à coup.

« Bonne nuit », dit-elle.

Et, ombre rouge et noire, elle sort de la chambre.

Victor reste immobile, la tête tournée du côté de la porte. Une longue minute. Et il part à tâtons, vers le lit.

11

Encore un jour... ou deux

Victor est jeté à plat ventre, en travers du lit. Les bras en croix. Il se réveille.

Machinalement, il cherche du bout d'un orteil la jambe de Dupin.

Et il regarde autour de lui. Sur les murs, tendus de soie finement rayée, des marques jaunes désignent l'emplacement de tableaux disparus.

Pendant combien de temps les Boches sont-ils restés là ? Ils ne devaient pas s'y trouver mal.

« C'était des officiers, sans doute... Ici, c'est une belle maison pour officiers. »

Et il se demande, soudain, si son père a jamais dormi dans une « chambre impériale... » lorsqu'il était au cantonnement...

Il s'assoit dans le grand lit. Il relève son chandail. Il détache le sachet de toile.

C'est le moment de relire la lettre. De découvrir peut-être ce qui se cache sous les ratures...

Victor a du mal à défaire la première page. On dirait que les feuilles se sont collées les unes aux autres, solidifiées : du papier mouillé qui a séché dans ses plis.

Maladroitement, Victor arrache un feuillet. Il en déchire un morceau. Ses mains tremblent d'impatience. Sur le papier durci, il n'aperçoit que de longues traînées violettes : de l'encre délayée où surnage un mot, de-ci de-là. Un mot arraché à l'eau putride de la rivière : « *Fils... Fils...* »

Il n'entend même pas frapper à la porte. Il n'entend même pas approcher Aliénor. On dirait que son cœur s'est arrêté de battre.

« Comme tu es pâle ! » dit-elle.

Et il se met à crier, tout à coup, en se martelant la tête des poings. Les papiers inutiles s'envolent autour de lui.

Aliénor prend une pile de journaux froissés.

« "Ils" sont partis avec nos bouteilles de champagne, mais “ils” nous ont laissé leurs feuilles de choux... »

Elle rit.

Elle tord les journaux en torche autour d’une bûche. Victor tente d’allumer le briquet. Enfin, une petite flamme jaillit. Les journaux s’embrasent.

Victor et Aliénor restent assis, côte à côte, devant l’âtre. Victor est très fatigué, comme s’il avait marché longtemps, longtemps... C’est peut-être parce qu’il a beaucoup parlé ?

« Tu crois... Tu crois que je le retrouverai ? »

Ces lettres effacées... Et si c’était un mauvais présage ? Entre lui et son père, le lien frêle des mots est rompu.

Il se tourne vers la fille aux cheveux rouges. Elle regarde le feu, pensive.

« Tu sais, Victor, tu ne le retrouveras peut-être pas... Mais il faut que tu le cherches, tout de même.

— Jusqu’au bout ?

— Oui. Jusqu’à ce que tu sois sûr... D’une chose ou de l’autre. »

Elle entrouvre le col de sa veste d’amazone. Elle en sort, pendue au bout d’une chaîne d’or, une médaille ovale, en ferraille, frappée du nom : « De Tornegat Henri, officier. »

« La plaque d’identité de mon père. On me l’a

donnée avec ses décorations, une montre, une photo de ma mère... »

Elle hausse les épaules :

« Tout ce qui reste, quoi, quand on est mort. Alors, je suis sûre, tu comprends... Mais si je ne l'étais pas... je partirais moi aussi. »

Elle serre les dents.

« Et personne ne pourrait m'en empêcher. Parce que c'est mon droit.

— C'est parce que c'est ton droit que tu es revenue à Tornegat ? »

Aliénor a la tête penchée dans le fouillis de ses rayonnants cheveux rouges.

« Évidemment ! C'est ma maison... »

Victor a l'impression qu'elle hésite... Comme si elle ne pensait pas tout à fait à Tornegat.

« Allez, je vais éplucher les champignons... »

Elle désigne le panier rempli à ras bord :

« C'est une chance que les bois en soient pleins... Et j'ai trouvé un pot de saindoux dans la réserve. Si ma tante Sophie voyait comment je vis ! »

Elle pouffe. « Quand elle rit, elle a des paillettes jaunes plein les yeux... », se dit Victor. Et il rougit.

« Ta tante Sophie ?

— Oui, je vivais chez elle, depuis... Depuis... Alors, quand les Boches ont commencé à reculer, je ne tenais plus en place : je voulais voir ce qu'ils avaient fait de Tornegat... Et un jour, je me suis enfuie... J'avais un peu d'argent, j'ai pris un train... Et voilà !

— Si je comprends bien, toi aussi, tu es en cavale.

— Je ne sais pas ce que cela veut dire : "en cavale..." »

Et Aliénor fend en deux un champignon, de son petit couteau à manche de nacre.

« Je me suis dit qu'il y aurait peut-être des soldats français cantonnés à Tornegat... »

Elle nettoie le champignon à petits gestes précis.

« Eux, au moins, c'est comme de la famille... »

Victor regarde la danse légère du couteau qui brille entre les doigts d'Aliénor. Et puis, il la regarde, elle, qui relève une mèche d'un revers de main.

Est-ce que c'est cela : « être belle » ? Des cheveux rouges, contre une joue pâle, de longues paupières baissées, comme on en voit aux Vierges, sur les vieux tableaux, dans les églises ?

Père dit toujours : « Que ta mère était belle !... »

Maman... Belle, belle comme Aliénor... Peut-être ?

Et il regarde Aliénor comme si, dans son visage, il allait trouver une réponse à la question qu'il se pose pour la première fois.

« À quoi ressemblait-elle, ma mère ? »

Aliénor lève les yeux. Elle tient son couteau en l'air.

« J'en ai assez d'éplucher ces champignons. Je crois que j'en ai assez aussi de manger des champignons. »

Victor n'est pas de son avis. Il est content de manger quelque chose, n'importe quoi.

« Il faut dire qu'elle ne s'est jamais tapé la tambouille de l'hospice... »

Cette idée lui donne envie de rire : Aliénor à l'hospice ! Ce serait ridicule !

Il jette un coup d'œil autour de lui : ce salon, le domaine d'Aliénor de Tornegat, ce salon préservé, avec ses tentures soyeuses, ses fauteuils profonds, son feu de bois et ses volets mi-clos... C'est comme si l'on avait jugé la guerre trop mal élevée pour lui permettre d'y entrer.

Et il croise les yeux crevés de la dame aux cheveux poudrés :

« "Ils" ont fait des cartons dans les portraits de famille », dit Aliénor.

Victor avait oublié que le propre de la guerre, c'est d'entrer chez vous sans demander la permission.

Aliénor se lève. Elle secoue sa jupe noire,

constellée de petites peaux de champignons. Et elle reste immobile.

« Aliénor, qu'est-ce qui... ?

— Chuut ! »

Elle écoute, aux aguets, un ronronnement lointain.

Soudain Aliénor bouscule Victor, s'élance à travers le salon, franchit le palier, se jette dans l'escalier. Il la suit, en courant.

Elle se précipite dehors. Elle reste un instant, la tête levée, la main en visière.

La pluie fine accroche des gouttes dans la masse de ses cheveux, brille sur ses mains. Aliénor prend sa course vers le pré, au moment où le bruit devient assourdissant.

Ce sont des avions français. Victor reconnaît leurs cocardes, peintes sous les ailes.

Ils vont vers l'est, eux aussi.

Au milieu du pré, Aliénor a les bras levés, la tête en arrière. Elle crie quelque chose.

Lorsque les avions sont passés, elle revient, à pas lents, comme si elle se forçait à revenir.

Et Victor va à sa rencontre, moitié courant, moitié marchant.

Lorsqu'il arrive près d'elle, elle s'essuie les joues, du plat de la paume. Pluie ou larmes ?

Victor ne sait vraiment pas quoi faire, alors il prend la main d'Aliénor. Il la serre, maladroitement. Elle est toute glissante de pluie. Sans trop oser regarder Aliénor, il l'entraîne vers la maison.

Elle le suit.

Victor sent, pressés contre les siens, ces petits doigts glacés... Et il a envie de rire, de sauter, de faire des cabrioles. Comme avant...

« Tu verras qu'elle aussi, "ils" l'auront volée...

— Tu crois ? »

Aliénor est toute drôle, ce matin. Elle a fait une tresse de ses longs cheveux. Et elle s'est enfoncé sur la tête un petit chapeau de paille, vraiment hors de saison : noir, avec une fausse grappe de lilas.

« Comme ça... Tu as l'air... Tu as l'air...

— J'ai l'air "comment ?"

— Tu as l'air d'avoir au moins dix-huit ans », répond Victor d'une traite.

Elle le regarde. Un peu de rouge monte à ses pommettes.

« C'est vrai ? Tu crois qu'on peut penser que j'ai dix-huit ans ? »

Ma parole, elle a pris ça pour un compliment !

« Ben oui... Ce galurin...

— Je ne vais pas aller au village en cheveux !

— Je peux y aller à ta place.

— Tu ne sais pas monter à bicyclette, que je sache ?

— Non, dit Victor, piteux, non, je ne sais pas.

— Aide-moi à ouvrir la porte de l'appentis... Avec un peu de chance... »

Hé oui, quelquefois, on en a... Aliénor éclate de rire.

La bicyclette est parée de toiles d'araignée, façon voile de mariée, qui flottent sur son guidon, autour des roues. Elle est posée le long du mur de l'appentis, dans un désordre de vieilles cordes moisies, d'outils rouillés, de pots fendillés.

« Laisse-moi faire. »

Victor dégage l'engin à grandes claques dans la dentelle des toiles d'araignée. Une grosse araignée en tombe, noire, velue, avec ses pattes affolées, comme celles d'une étoile de mer.

« Araignée du matin, chagrin ! Écrase-la vite, Victor !

— Au point où on en est... »

Victor regarde fuir l'insecte, après une ronde éperdue.

« Est-ce qu'on ressemble à ça, nous, vus d'en haut, lorsque les gothas bombardent ?

— Dépêche-toi, Victor ! »

Victor oublie l'araignée, mais il se sent triste. Il

fait rouler la bicyclette dans la terre battue de l'appentis.

« Oh ! Ce bruit, il me fait grincer des dents ! »

« C'est vrai qu'elle est drôle, ce matin... Nerveuse... »

C'est peut-être parce qu'elle a décidé d'aller lire le communiqué, au village ? Ou à cause du passage des avions, hier matin ?

« Allez, Victor, donne-moi cette bicyclette. »

Il la regarde grimper sur la selle poussiéreuse, empoigner le guidon, donner un énergique coup de pied sur la pédale.

La bicyclette est rouillée, poussive. Aliénor part en zigzaguant, les mains crispées sur le guidon. Victor court derrière elle.

Aliénor contourne Tornegat. Elle file le long de l'allée qui descend vers la grille. Son chapeau s'envole.

Victor ramasse le chapeau. Il reste ainsi longtemps, le chapeau écrasé contre sa poitrine.

Ce silence des arbres nus contre le ciel gris, cette grande maison quiète au bord de son grand pré, comme au bord d'une mer... Cette fille aux cheveux rouges si... si... belle, quoi...

Quelquefois, on dirait que la guerre dit « Pouce ». Il vaut mieux en profiter... La guerre ne dit jamais pouce bien longtemps.

Victor grimpe l'escalier comme s'il était chez lui... Enfin, presque. Il dépose le chapeau aux lilas sur le guéridon du salon.

Il ramasse deux ou trois journaux : il les feuillette.

« J'y comprends rien... C'est écrit en boche. »

Sur une page, il y a un portrait à la plume. Un homme à moustache, en uniforme. Qui semble considérer l'horizon avec morgue.

« Kaiser Wilhelm II, épelle Victor... ça veut dire : "Empereur Guillaume II..." »

Il fait un tortillon du portrait du Kaiser :

« C'est tout ce que tu mérites, va... »

Et il ranime le feu. Le soufflet est crevé, mais, tant bien que mal, il crachote un peu d'air. Victor regarde le feu prendre, il l'écoute ronfler.

En fait, il s'ennuie. Il s'ennuie... Peut-être parce qu'elle pédale sur sa bicyclette, là-bas, sur la route ?

« J'aimerais bien qu'elle soit là... »

Pourquoi ?

Il n'a jamais désiré la présence de personne depuis son entrée à l'hospice, sauf la présence de son père.

Il fait le tour du salon, à pas lents. Une pensée le trouble, le gêne... Et il se plante devant le portrait aux yeux crevés.

Il n'aime pas cette bouche rouge qui sourit, sous les deux trous des yeux.

« On dirait que la dame ne se rend pas compte... »

Il fait un nouveau tour de salon :

« Mettons... Si Aliénor n'était pas Aliénor, mais... mais... »

Par exemple, une femme comme celle qui vendait le vin, avec ses bras décharnés... Ou alors, si elle était une jeune fille qui louche ?

« Est-ce que je serais encore à Tornegat ? »

Il est bien obligé de répondre « Non ».

Victor a l'impression que quelque chose le mord, là, au cœur.

« Aliénor... Père... »

Le temps qu'il passe à Tornegat, c'est du temps qu'il perd... Du temps qu'il vole à son père. Il cherche sous son chandail le sachet de lettres. Il l'écrase entre ses doigts.

Mais c'est à Aliénor qu'il pense. À ce qu'elle a dit quand il était si triste de voir ses lettres saccagées : « Garde-les tout de même... Tu peux toujours imaginer ce qui était écrit... Et puis, elles te porteront bonheur... »

Même Dupin n'aurait pas eu une idée pareille... Pourtant, il comprenait presque tout... Mais Aliénor comprend tout, elle, tout à fait, mieux que tout le monde.

Le courage, le vrai, c'est de partir tout de suite.

Victor sort du salon.

Arrivé en haut de l'escalier, il fait un effort pour ne pas se retourner.

« Partir tout de suite, oui, mais pour où ? »

Il s'assoit sur la première marche. Il appuie sa tête contre un des montants de la rampe.

« Aliénor... »

Victor saisit des deux mains les barreaux de la rampe. Il y appuie plus fort la tête. Et le fer lui fait mal. Il ferme les yeux.

« Je vais rester... Encore un jour... Un jour ou deux... »

« Victor, si tu savais ! »

Aliénor gravit les marches de l'escalier deux par deux. Le vent de la course a rougi ses joues. Il a dénoué sa tresse. Et ses cheveux volent autour d'elle, comme une bourrasque.

« Il paraît que nous sommes entrés en Lorraine... »

Aliénor est à bout de souffle. Sa voix s'éraille.

« Il paraît que nous sommes entrés en Lorraine... Et que les Boches fuient, comme des cancrelats !

Et que l'infanterie alliée les talonne... Et que nous faisons des milliers de prisonniers...

— Ils sont entrés en Lorraine ! » répète Victor.

Est-ce que ça change quelque chose, pour son père ?... Peut-être que oui... Ou peut-être que non...

« Cela ne durera plus longtemps, déclare Aliénor. C'est Foch qui l'a décidé.

— C'est dommage que Foch ne l'ait pas décidé plus tôt... »

Victor s'en veut de sa réponse... Aliénor ouvre des yeux désappointés... Mais aussi, elle n'a pas compris, elle, que personne ne décide jamais rien contre la guerre ?

On fait ce qu'on peut... Comme on peut. À la façon d'un dompteur qui tente de tenir en respect le tigre qui lui fait face. Quelquefois, le tigre mange le dompteur, on ne sait pas pourquoi. C'est que le tigre a été plus fort que le dompteur pendant cinq minutes. Voilà tout !

Victor essaie d'exposer sa théorie à Aliénor. Il s'emberlificote dans ses explications :

« Je n'aime pas les métaphores », jette Aliénor, avec hauteur.

Victor ignore ce qu'est une « métaphore »... Il se sent complètement idiot... Aliénor de Tornegat a fait exprès d'employer ce terme qu'il ne connaît pas... Et il a envie de se venger... Un tout petit peu :

« Tu n'as pas peur que ta tante Sophie te retrouve, si quelqu'un t'a reconnue, au village ?

— Plus rien n'a d'importance, maintenant, nous sommes en train de gagner la guerre. »

Ses beaux yeux flamboient.

12

La nuit, quand on ne dort pas...

Est-ce que c'est en rêve qu'il marche dans la nuit poisseuse et froide ? Il ne voit rien devant lui qu'une obscurité dense. Il entend quelqu'un l'appeler, dans son dos : « Victor... Victor... » Il ne peut pas se retourner. Il n'a pas la force de se retourner.

Mais une main se pose sur son épaule. Des ongles s'enfoncent dans sa chair. Il va crier. Il crie. Et on le secoue.

Dans la lueur falote de la bougie, il aperçoit deux yeux terrifiés, une longue chemise blanche :

« Aliénor ! »

Elle parle d'une voix entrecoupée :

« Il y a... quelqu'un... dans la maison. »

Le cœur de Victor se met à battre à coups assourdissants :

« Quelqu'un ? Tu crois ? »

Aliénor désigne le plafond :

« Écoute... »

Des craquements furtifs... Comme si on marchait sur la pointe des pieds. Au-dessus de leurs têtes.

« De ma chambre, on entend encore mieux, souffle Aliénor.

— Mais qui veux-tu qui soit entré à Tornegat ? Tu boucles tout, dès la nuit tombée.

— Chut ! »

Ils restent aux aguets, la tête levée.

« Tu vois bien, Aliénor, que... »

Un fracas subit ne permet pas à Victor de terminer sa phrase...

« "Il" a fait tomber quelque chose... »

Victor et Aliénor échangent un long regard.

« Je vais y aller, tu vas venir avec moi, Victor. »

Et de la blancheur de la chemise Victor voit émerger un objet noir. Le revolver.

Victor descend du lit. Il prend sa respiration, un bon coup :

« Je vais y aller tout seul, Aliénor.

— Mais, je veux..., dit-elle.

— Toi, tu vas rester là.

— Victor, tu ne sais pas te servir de “ça”... »

Elle brandit le revolver. Il brille, un instant, dans la clarté ténue de la flamme. Victor le lui prend des mains :

« Tu vas me montrer, ça doit pas être sorcier... »

Victor a peur : autant se l'avouer. Le revolver tremble dans sa main droite, la bougie dans sa main gauche...

Il va, pas à pas, dans le long couloir qui dessert les chambres. Il arrive au pied d'un escalier de bois : celui-ci grimpe vers l'étage des domestiques et au grenier.

Avant d'en gravir la première marche, Victor écoute, les yeux mi-clos, pour mieux entendre.

Est-ce qu'il y a quelqu'un, tapi dans l'ombre, qui écoute, lui aussi ? Qui se demande si c'est le moment de descendre ?

Victor monte l'escalier. Cette lente promenade dans la maison plongée dans les ténèbres l'apaise, peu à peu.

Il entend le petit grattement continu que fait

une branche, contre une fenêtre. C'est comme un petit signe, venu d'on ne sait où.

Victor n'a plus peur. Il lève haut la bougie. De la cire lui coule sur la main.

Et il entend les pas furtifs, beaucoup plus nettement. Il s'élance vers l'échelle de meunier qui conduit au grenier.

Le grincement de la branche, le long d'un carreau, est plus net... Une branche d'arbre, contre la lucarne cassée du grenier...

Victor promène la faible lueur de la bougie tout autour de lui. Elle dessine des traînées tressautantes le long des murs.

Et il voit briller deux yeux.

Victor est resté longtemps assis par terre. Les coudes sur ses genoux relevés, la tête entre ses deux mains. Ça va, il ne pleurera pas. Ce n'est pas la peine.

Qu'attendait-il ? Qu'espérait-il ?

Victor attendait... Presque... Il espérait... Presque...

Parce qu'Aliénor lui a dit que, mine de rien, elle s'était renseignée, au village... Et que le RICM y était passé... Quand ? Elle ne savait pas, mais il y était passé.

Alors, de là à imaginer que ce bruit, dans le

grenier... Cette ouverture, dans la lucarne... Cette branche qui la traverse...

« Elle aurait pu permettre à un homme de passer, après tout... »

Un homme qu'on croit « disparu »...

Et Victor se met à rire. Oh, il n'en a aucune envie, mais il rit tout de même... Le pauvre loir, la pauvre bête affolée, tombée de sa branche dans le grenier de Tornegat !

Pauvre loir, éveillé en sursaut de son sommeil hivernal ! Comme il regardait Victor de ses beaux yeux fardés de noir !

Et Victor l'a visé, en s'efforçant de ne pas trembler.

« Ça t'apprendra. »

Au moment de tirer, il a fermé les yeux. Il a compté lentement :

« Un... Deux... »

Et il a ouvert les yeux.

Il a posé le revolver pour prendre le petit rongeur entre ses deux mains. Il l'a remis sur le bout de la branche.

« T'en fais pas... C'était un cauchemar. »

L'animal s'est perdu dans la nuit, le long de la branche, en traînant le panache mouvant de sa queue.

Et Victor a repoussé du pied les débris du vase que le loir avait brisé, tout à l'heure.

Victor n'a pas le courage de bouger. Trop d'idées semblent surgir de la nuit du grenier : elles s'approchent de lui, elles le cernent. Bientôt, elles ne le laisseront plus tranquille.

« Ton père ne te sera pas rendu comme ça, d'un coup de baguette magique... Il faut que tu le trouves, toi... Tu n'as rien d'autre à faire, dans la vie, que le retrouver... »

Il se frotte les paupières. Il répète :

« Le retrouver... Le retrouver... Le retrouver... »

Et il a la force de se mettre debout.

De la bougie, il ne reste qu'un bout à demi fondu qui se consume dans une dernière flammèche et qui fume. Victor reprend à tâtons le chemin de la chambre impériale.

La flamme de la bougie jette un brusque éclat : juste le temps de voir Aliénor assise au pied du lit, les yeux gros de sommeil. Et la bougie s'éteint.

« Qu'est-ce que c'était, Victor ?

— Rien. »

Victor éprouve une curieuse sensation de fatigue tout à coup, comme s'il revenait de loin. D'un autre monde...

Ses yeux brûlent de sommeil.

« Puisque ce n'était rien... je vais retourner dans ma chambre », dit Aliénor.

Elle se lève, ombre claire dans les ténèbres de la chambre, elle le frôle :

« Rends-moi le revolver...

— Je... Je l'ai oublié là-haut. »

Qu'il est bête ! Au-dessous de tout...

Mais Aliénor ne proteste pas. Elle a trop sommeil...

« S'il te plaît, raccompagne-moi... »

Et cette fois-ci, c'est elle qui le prend par la main. Elle l'entraîne dans l'obscurité du couloir. Il trébuche presque, à sa suite.

« Tu sais, Victor... »

Elle s'est arrêtée dans le noir. Elle se tourne vers lui. Sa voix est très basse :

« Tu sais, Victor, je suis contente que tu sois là...

— C'est vrai ? »

Tout à coup le cœur de Victor bat à lui défoncer la poitrine.

« Tu sais, Victor, ce n'est pas drôle d'avoir du courage, toute seule. Mais avec quelqu'un, c'est moins difficile, on en a deux fois plus. »

Et elle répète :

« Je suis contente que tu sois là. »

Qu'est-ce qu'elle veut dire ? Qu'elle l'aime bien... Peut-être ?

Victor cherche quelque chose à lui répondre. Quelque chose dont elle se souvienne.

« Mon père... Mon père, il dit toujours que le courage c'est... c'est la noblesse de ceux qui n'ont rien. »

Et il ne peut rien ajouter, comme s'il venait de livrer un secret.

Et si Aliénor partageait le même ?

« Mon père disait que le courage c'était la politesse de ceux qui ont tout, répond-elle.

— Ça veut dire la même chose ?

— Peut-être... »

Alors, si cela veut dire la même chose, ils se ressemblent, tous les deux ? Ils sont du même bord ?

Victor a presque envie de rire. Cela ne fait rien que, par moments, il se sente si démuni devant Aliénor puisque à d'autres, c'est elle qui a besoin de lui.

Est-ce que c'est cela, aimer quelqu'un ? Est-ce que c'est comme cela ? Chacun protège l'autre, à son tour ?

Gauchement, dans la nuit, il cherche la chevelure rouge d'Aliénor pour y enfouir ses deux mains, comme si ce geste était une réponse à toutes ses questions.

Les cheveux d'Aliénor sont vivants et chauds,

pareils à la crinière d'un cheval ou à l'herbe sèche de l'été, lorsque le vent y passe.

Victor ferme les yeux.

Mais Aliénor recule. Et les mains de Victor glissent de ses cheveux : elles restent ouvertes, sur le vide.

« Bonne nuit, Victor. »

Aliénor referme sa porte, Victor reste seul. Il garde, au creux des paumes, le parfum des cheveux d'Aliénor.

Et il demeure longtemps, derrière sa porte, en retenant son souffle.

On comprend des tas de choses, la nuit, quand on ne dort pas...

Un coq chante, très loin.

Victor rebrousse chemin, dans le couloir obscur... Il se souvient brusquement d'une histoire que son père racontait :

« Les galions espagnols, coulés au fin fond des mers avec leur chargement de trésors... Ces trésors qui appartiendront à ceux qui auront le courage de nager jusqu'au fond... Pour les prendre. »

Tornegat est un grand vaisseau à demi couché dans la nuit... Et Victor s'y promène, à pas lents, comme si tous ses trésors engloutis lui étaient offerts.

13

Comme un voleur...

Victor pousse la targette. Aussi loin qu'il se souvienne, il n'est jamais entré dans une salle de bain. Une vraie. Et il ose tout juste bouger, nu comme un ver, en face du miroir qui surmonte le lavabo.

Victor tourne le robinet. Le cuivre terni crache une eau rouillée, elle éclabousse les fleurs bleues qui courent en frise autour de la vasque.

Tornegat est pourvu de l'eau courante depuis longtemps, grâce à un château d'eau niché dans le parc, a expliqué Aliénor.

« Encore une chance que les Boches ne se soient pas amusés à le faire sauter ! »

Le lavabo se remplit, peu à peu. L'eau est froide, trouble. Impossible de prendre un bain !

Victor regarde avec regret l'immense baignoire de cuivre, perchée sur des pieds de lion. Il doit être si amusant de se laisser flotter !

Il trempe le gant de toilette dans l'eau, il se frotte la figure, le cou. Le petit bout de savon (le seul qui reste à Tornegat) ne mousse pas.

« Le moyen de décrasser des pieds pareils !

— Victor ! » crie Aliénor, derrière la porte.

Il sursaute, une jambe dans le lavabo :

« Oui ?

— J'ai trouvé des souliers...

— Merci, Aliénor. Merci beaucoup. »

Elle a décidé, ce matin, que Victor ne pouvait pas rester comme cela, pieds nus, dépenaillé. Et elle a couru, de chambre en chambre, d'armoire en armoire, pour trouver de quoi l'habiller.

« A-li-é-nor... », épelle Victor.

C'est un joli nom, souple comme une liane, au début, et qui finit sur un coup de cymbale. C'est vraiment joli.

Voilà. Victor est propre... Enfin, à peu près.

Les oripeaux crasseux qu'il abandonne sont jetés dans un coin de la salle de bain : le chandail du poilu... Sa culotte d'orphelin où la boue a durci, dont une jambe est déchirée.

Aliénor n'a pas trouvé de chemise : il est obligé de remettre celle d'Antoine Robin. Elle est sale, mais... C'est bête, ça lui fait plaisir.

Il enfile une veste noire, trop large, un pantalon à fines rayures :

« Un pantalon long... Je n'ai jamais porté de pantalon long... »

Il va ramasser les souliers. Il les met, assis par terre. Des souliers à tige haute, fermés avec des boutons. Victor remue les orteils.

« Même sans chaussettes, on est bien, dedans ! »

Il se contemple dans la glace.

« Ma parole, je suis fringué comme un milord ! »

Et, avec l'aide du gant mouillé, il essaie d'aplatir ses cheveux en arrière, comme font les messieurs. Peine perdue : il a été tondu si longtemps que ses quelques poils se hérissent sur son crâne, comme des soies. Il en rit. Et son rire se fige.

Le bruit est lointain, mais il s'approche. Un avion... Pendant cinq minutes, il avait oublié la guerre. Mais la guerre était là, tout près, de l'autre côté de la colline...

Il entend le rugissement du moteur. L'avion se précipite sur Tornegat.

Il sort en courant de la salle de bain.

« Aliénor ! »

Elle est en bas du perron, la tête levée.

« Aliénor ! »

Les lèvres entrouvertes, elle suit l'avion des yeux. Il arrive de l'est. Il vole au-dessus des arbres.

« Aliénor ! »

Son visage est aussi blanc que ces fleurs que l'on voit flotter, sur les étangs.

L'avion décrit un cercle au-dessus des toits de Tornegat. Casqué de cuir, masqué de grosses lunettes, le pilote penche son visage au-dehors. Il y a une tête de mort, dessinée sur la carlingue : affublée de deux ailes, elle est soulignée d'un nom : « L'Ange de la Mort ». Et Aliénor se met à crier, les bras tendus. À crier de joie.

L'avion pique sur le grand pré. Il atterrit. Il roule. Les toiles de ses ailes frémissent.

Aliénor se met à courir, de toutes ses forces.

Victor n'a pas le courage de la suivre. Il la regarde courir, seulement, flamme noire et rouge, sur le pré vert.

Un jeune homme, grand, vêtu de bleu, saute du cockpit. Et, quand il la prend dans ses bras, Victor voit tourbillonner les cheveux d'Aliénor, dans la lumière.

Il ne veut pas leur parler. Il ne veut pas les voir.

C'est lui qu'elle attendait... C'est pour l'aviateur qu'elle a envie d'avoir dix-huit ans...

Victor recule. Il entend son rire, à elle, léger, étonné... Heureux, quoi ! Et chaque éclat de rire est comme un éclat de verre qui se fiche dans son cœur, pour lui faire mal.

Victor fait brusquement volte-face : il fuit dans l'escalier.

Il traverse le palier. Il n'entre pas au salon. Il s'y est cru chez lui... Eh bien, non, il est chez un autre.

Il grimpe jusqu'à l'étage des domestiques, comme s'il était poursuivi... Pourtant, il sait bien que personne ne le poursuit, parce qu'il n'existe pour personne, pour personne.

Dans le grenier, il reste un instant immobile, les yeux fixés sur la lucarne au carreau brisé, et, tout à coup, il se met à pleurer.

Il pleure à longs sanglots saccadés qui lui soulèvent les côtes. Et le grenier semble danser autour de lui, au-delà du ruissellement tremblant de ses larmes.

Victor retient son souffle. Il va à pas de loup le long du couloir. Le revolver pèse dans sa main.

Et il entend rire Aliénor, encore. Comme si ce

n'était pas la guerre, comme si la vie était redevenue comme avant.

Son rire chasse Victor. Alors, il part.

Il descend l'escalier.

Il se retrouve dehors. Il voit l'avion, au loin, entre les arbres nus. Il est posé sur le pré comme une gigantesque cocotte en papier.

« "L'Ange de la Mort", tu parles d'un nom ! »

Il n'a rien trouvé de plus simple, l'aviateur !

Victor met le revolver dans la poche de sa veste.

« Il y en a qui sont vernis... En deux coups d'aile, il va loin... Et moi... »

Moi ? La bicyclette !

Il la retrouve dans un massif.

Et Victor tourne le dos à Tornegat. Il s'en va, très vite, en poussant la bicyclette dont les pédales tournent dans le vide.

Il passe la grille. Il se dépêche, le long du chemin qui va à la grand-route. Au-dessus de sa tête les branches desséchées des arbres se joignent comme des doigts.

Est-ce que c'est cela qui s'appelle « partir comme un voleur » ?

Au premier tournant, il enfourche la bicyclette.

« C'est pas plus difficile que de marcher sur le fil... Ou de faire le double saut périlleux... Ou de jongler avec des balles... »

Mon Dieu, ces petits bouts du passé... Ces petits morceaux d'« avant » qu'il retrouve, épars, est-ce qu'ils réussiront à former un présent, un « maintenant » ?

La bicyclette a l'air de vouloir vivre sa vie. Elle va de droite à gauche. Elle titube. Elle chancelle. Son guidon frémit, sursaute, échappe à Victor. La bicyclette se couche dans le fossé, elle en a déjà assez de la promenade !

« Ah ! non », crie Victor.

Il se relève : son beau pantalon propre a ramassé la boue du fossé. Il s'est pincé la main dans les rayons. Il saigne.

Il attrape le guidon avec l'énergie du désespoir. Il jette un coup de pédale rageur. Miracle ! la bicyclette file droit. Victor roule jusqu'à la grand-route, si crispé qu'il y arrive en nage.

La pétarade d'un avion qui décolle le jette en bas de la selle.

Le nez levé, Victor regarde passer « L'Ange de la Mort ». Il se balance d'une aile sur l'autre, en un drôle de salut.

Victor sait très bien QUI regarde « L'Ange de la Mort », à cette minute...

Et il secoue la tête, les yeux fermés : il veut oublier, déjà... Même s'il ne peut pas.

Il se force à ouvrir les yeux : « L'Ange de la Mort » repart là-bas, vers l'est. Il lui montre le chemin. Victor le suit.

C'est drôle la vie...

On la traverse, comme si c'était un jardin. En regardant, à droite, à gauche, en s'arrêtant, une minute... Et puis, on fait des rencontres, que l'on croit sans importance... On croise des visages que l'on croit anodins... Mais lorsqu'on continue sa promenade, on les traîne derrière soi, sans pouvoir s'en dépêtrer...

Comme on se sent lourd, fatigué, avec tous ces souvenirs à emporter, malgré soi !

Est-ce que les souvenirs pèsent de plus en plus lourd, à mesure que l'on grandit ?

Il fait froid. Le brouillard descend, étouffant. Victor pédale. Il est penché en avant.

Ses doigts sont rouges, contractés, sur le métal du guidon.

« Père... »

Parmi tous ces visages qui l'escortent, c'est celui de son père qu'il reconnaît le plus mal.

Plus il avance, plus le visage de son père s'éloigne. Et il pédale, avec fureur, comme s'il allait le rattraper.

Victor entend la plainte lente d'une cloche dans l'air que le brouillard feutre.

Il cesse de pédaler. Les muscles de ses cuisses brûlent. Il a soif.

Le glas tinte.

Et le timbre de criquet d'un moteur lui répond.

« Une automobile ! »

Elle arrive, au bout de la route. Juchée sur ses hautes roues, elle cahote parmi les cailloux et les nids-de-poule.

Elle dépasse Victor. Le chauffeur est engoncé dans un manteau de fourrure. Ses lunettes lui font une face de grenouille. Il semble rire : il appuie sur la poire, qui couine.

À l'arrière, à demi masqué par le carreau, un visage se penche dans un frisson de plumes rouges et vertes. Et une main gantée fait un petit signe, par l'entrebâillement d'une vitre.

Victor reste ahuri, une seconde.

Et il repart. Il pédale frénétiquement. La voiture roule, loin devant lui, sur la longue route plate. Il a envie de crier : « Attendez-moi, attendez-moi ! »

14

Les saltimbanques

Le glas tinte, de plus en plus proche.

Victor ne voit plus la voiture.

Elle a disparu depuis belle lurette, pareille à un mirage surgi du brouillard et que le brouillard a englouti.

Ding... Ding... Ding...

Victor distingue à peine le clocher dans l'ouate effilochée de la brume. Des maisons se serrent autour de lui. Des maisons... Ou ce qu'il en reste.

Le chemin est crevé de trous d'obus que les

pluies ont remplis d'eau, à ras bord. Le ciel s'y reflète, en ronds blanchâtres.

Victor souffle dans ses doigts gourds. Et il va à pas lents jusqu'au village, en traînant sa bicyclette.

De la première maison sort une ombre vêtue de noir, et une autre de la deuxième. De la troisième, il ne sort personne : cette maison n'est plus qu'un tas de pierres en désordre. Et de la quatrième, il sort une ombre, encore, dont les voiles noirs frémissent tandis qu'elle avance dans le brouillard.

Les ombres vont vers l'église. Lorsqu'elles passent devant une maison encore debout, une ombre de plus surgit. Sa silhouette noire s'ajoute au morne cortège des silhouettes noires appelées par le glas.

Victor les suit. Les ombres ne s'intéressent pas aux vivants. Personne ne fait attention à lui. Et la bicyclette, mal huilée, geint.

La nuit, quand ils sortent de leurs tombeaux, est-ce que les morts se hâtent ainsi, dans le brouillard, en soufflant un peu de vapeur froide, par leurs bouches creuses ?

Un drapeau tricolore bat, par saccades, comme un cœur, contre le mur rapetassé, aux longues cicatrices de ciment frais d'un bâtiment carré (école ou mairie ?).

La procession des ombres le longe et débouche sur la placette de l'église.

Noire, luisante, dressée sur ses roues à rayons, l'automobile est rangée devant le parvis.

« Mes frères... »

Dans sa chasuble violette, rebrodée d'argent, le prêtre est frêle, pâle, si vieux.

Les jeunes prêtres sont à la guerre... Comme tous les jeunes, après tout.

« Mes frères, en ce jour des Morts... »

Sa voix passe avec peine au-dessus des têtes inclinées, indistincte masse noire. Debout près du bénitier, dans le fond de l'église, Victor se fait tout petit.

« Mes frères, en ce jour des Morts, nous ne pouvons que prier pour les vivants. Pour ceux qui nous restent. »

C'est une drôle de façon de penser aux morts... Mais c'est peut-être la seule, au fond ? Victor joint les mains. Il baisse les yeux.

Il flotte dans l'église une odeur d'encens, d'humidité, de cierge qui coule, comme dans toutes les églises.

« En plus, ici... »

Cela sent le fleuri, le capiteux...

Et Victor aperçoit des plumes rouges et vertes, derrière un pilier.

Que font les voyageurs de la belle auto dans ce village perdu ?

Quelle idée bizarre de voyager dans une région tout juste libérée !...

« Peut-être même qu'ils viennent de Paris ! »

« Mes frères... »

La voix du vieux curé tonne faiblement :

« Mes frères, chacun fait ce qu'il peut pour nos soldats... Chacun à sa façon. Il y a des marraines de guerre, il y a des infirmières bénévoles. Il y a ceux qui font des paquets pour les prisonniers... Il y a aussi les comédiens... Les comédiens qui vont distraire les combattants... »

Victor écoute en retenant son souffle.

« Quelques-uns sont de passage parmi nous : ils partent demain pour la zone des armées. Je vous demande de bien les accueillir, avec le peu que vous avez. »

Des têtes se retournent vers le pilier dont l'ombre frissonne de plumes rouges et vertes...

« Des comédiens... »

Évidemment ! Seule une comédienne a le culot de se planter sur la tête un chapeau pareil ! Et le jour des Morts, en plus !

Victor glisse un coup d'œil vers les plumes. Le parfum trop lourd lui chatouille le nez, entêtant.

Le vieux curé entonne : « Sauvez, sauvez la France, au nom du Sacré-Cœur... »

Victor essaie de chanter : sa voix est étranglée.

« La zone des armées... »

On n'est pas mal, dans l'automobile ! Même assis en plein vent à côté du conducteur.

La bise mord les oreilles de Victor. Il a sous les pieds des sacs en tapisserie, dans les bras un gros panier. Il regarde la route. Qu'on va vite par les chemins défoncés, le long des rivières qui débordent !...

Ils roulent depuis le matin. Il n'est pas loin de midi. Un soleil incertain rend translucide le ciel blanchâtre.

Victor pense à la bicyclette. Elle est restée appuyée contre le mur de l'école où il a dormi, avec les comédiens.

Un index replié frappe un petit coup au carreau, dans son dos. Victor sourit à Lilas Zénith, toute rieuse sous ses plumes rouges et vertes. Sans elle...

La Chance... On l'appelle aussi le Hasard, quelquefois la Providence ou même le Destin.

Et la Chance, on l'attrape par les cheveux !

Alors, Victor a parlé aux saltimbanques, à la sortie de la messe.

« On va pas laisser dans la purée un enfant d'la balle... Le p'tit d'un poilu, par-dessus l'marché..., a dit Lilas Zénith.

— Tu te vois traîner un moutard ? a objecté Germain Weber, le chauffeur, avec son drôle d'accent.

— C'est pas plus gênant que de traîner un Alsacien. »

Germain Weber est devenu écarlate :

« J'ai choisi la France, tout le monde le sait... Je peux même te montrer mon passeport de bon Français ! »

Un gros monsieur à moustache blanche est intervenu, avec la noblesse paterne que lui donne l'habitude de jouer les pères nobles :

« Allons, allons, mes enfants... »

Mais Lilas Zénith l'a mouché d'un « Oh, ça va, Papa ! » qui lui a cloué le bec.

« De toute façon, c'est Lilas qui décide », a jeté Rosette, de sa voix suraiguë.

Elle est amusante, avec son nez en pied de marmite et ses yeux aussi petits et noirs que deux grains de café.

« En effet, c'est moi qui décide. La voiture est à moi...

— À toi... À toi, a ronchonné Germain Weber, entre ses dents... Elle appartient à M. Dubois, oui...

— C'est du pareil au même... »

Lilas Zénith n'aime pas qu'on lui marche sur les pieds. Ses beaux yeux verts étaient pleins de colère. Elle a passé son bras autour des épaules de Victor, soudain tout enveloppé d'effluves de jasmin et d'ambre :

« On l'emmène... Et tu fermes ton clapet. »

Et elle a dit à Victor :

« Alors, ton papa est comédien, mon p'tit ? Tu vas nous raconter tout ça... »

Lilas Zénith insiste. Elle frappe au carreau de son petit poing ganté.

Le chauffeur arrête la voiture, au bord du fossé. Le moteur continue à tourner, en hoquetant.

Lilas Zénith penche au-dehors son visage poudré, auréolé de plumes :

« Papa va prendre ta place... Viens avec nous, Victor. »

Il n'est pas fâché de se dégourdir les jambes, une minute. Et il se frotte les oreilles, des deux mains. Le père noble descend de voiture en geignant :

« À mon âge... Aller devant ! »

Il traîne une couverture.

« J'ai à parler au p'tit... »

Le ton de Lilas est sans réplique. Frédérick Macaire s'entortille dans la couverture, enfonce son chapeau au ras des yeux et s'installe en gémissant près de Germain Weber.

Voilà Victor assis sur le strapontin, face à Lilas Zénith et à Rosette. La voiture repart, dans un brusque crachotis.

« Dis donc, Victor, qu'est-ce que tu sais faire ?

— Qu'est-ce que je sais faire ?

— Ben oui, m'regarde pas avec cette tronche d'ahuri... Qu'est-ce que tu sais faire, comme numéro ?

— Comme numéro ?

— T'es d'une famille de comédiens, non ? Alors, qu'est-ce que tu sais faire ? Tu comprends bien, quand le capitaine Dieudonné m'demandera l'programme du spectacle... Déjà qu'on amène quelqu'un qu'est pas prévu...

— Quelqu'un qui est pas prévu ?

— Toi, tiens ! »

Lilas Zénith se met à rire.

« Remarque... Tu peux toujours dire que c'est ton fils », susurre Rosette, perfide.

Au regard fulgurant que lui lance Lilas Zénith, elle ajoute, avec précipitation :

« Enfin, faudrait que tu l'aies eu au berceau ! »

Victor ne trouve pas Lilas Zénith si jeune que ça : elle a vingt-cinq ans bien sonnés !

« Alors, Victor, qu'est-ce que tu pourrais faire ? Tu sais chanter, danser, déclamer ?

— J'ai su tout ça, dit Victor. Il y a quatre ans. »

Mais voilà, tout d'un coup, on se permet de déchirer votre vie en deux, comme un torchon de papier, sans vous demander votre avis...

Et qu'est-ce qu'il vous reste, hein, après ? Qu'est-ce qu'il vous reste ?

« On trouvera bien une idée, va, t'en fais pas... »

Lilas Zénith lui prend la main. Comme c'est doux un gant de daim gris...

Elle a envie de le faire rire :

« Dis donc, tu crois qu'il faut qu'on fasse un numéro angliche ?

— J'sais pas...

— Au cas où y aurait des Tommies, au cantonnement...

— Des Tommies ?

— Ben, des Anglais, quoi. »

Lilas Zénith pouffe. Un joli rire. On dirait que l'on tambourine des ongles contre le cristal d'un verre. Rosette ne veut pas être en reste :

« Tu peux toujours le préparer, ton numéro en

anglais... S'il n'y a pas de Tommies, y aura des Sammies.

— C'est quoi, des Sammies ?

— Des Américains, tiens ! »

Pas fâchée de son effet, Rosette éclate de rire.

« Celle-là, elle rit comme une casserole », se dit Victor.

La main gantée de gris serre plus fort la sienne :

« Si tu savais, Victor, la tournée que j'ai faite... En 16...

— En 16 ?

— Oui, au printemps... Nous sommes allés jusqu'aux premières lignes, pour jouer la comédie... Tous ces pauvres poilus... »

En 16... Au printemps 1916... Est-ce que Papa a vu Lilas Zénith, lui aussi ? A-t-il applaudi cette jolie fille au prénom de fleur ?

Il regarde Lilas Zénith, comme s'il la connaissait depuis longtemps.

« Tu sais... Ma carrière était à peine commencée...

— Depuis au moins cinq ans », précise Rosette entre haut et bas.

Ils ne l'écoutent pas. Lilas Zénith sourit :

« Et tu sais avec qui j'jouais ? »

Victor hausse les sourcils :

« Eh bien, p'tit, avec Madame Sarah ! »

Et, dans le geste orgueilleux de sa tête qui les rejette en arrière, les plumes de Lilas Zénith ont un bruissement d'ailes.

« Tu vois pas qu'il sait pas qui est Madame Sarah ? persifle Rosette.

— Comment, Victor, t'as pas entendu parler de Sarah Bernhardt ? »

Lilas Zénith en reste bouche bée.

« Non, je n'ai pas entendu parler de Sarah Bernhardt... »

Il a d'autres chats à fouetter !

Rosette pointe son nez en trompette vers le plafond capitonné de la voiture :

« Mais qu'est-ce qu'on leur apprend donc, aux gosses de poilus ? s'indigne-t-elle.

— On leur apprend à supporter », répond Victor.

Et Rosette croise un regard clair, froid comme une lame.

Et, dans le geste [illegible] que les [illegible] d'Elias Zeuch [illegible] brusquement d'allu[illegible].

— Tu dois savoir [illegible] qu'il n'est pas [illegible] qui est Madame Sarah [illegible].

— Comment Victor [illegible] de Sarah [illegible].

Elias Zeuch en reste bouche bée.

« [illegible] n'a pas encore [illegible] de Sarah [illegible] »

Il n'aurait pas [illegible] !

[illegible] pour son [illegible] [illegible] du [illegible].

[illegible] qu'on [illegible] apprend [illegible].

— Oh [illegible] !

Et [illegible] un regard [illegible] comme une lame.

15

Le jeu de cartes

Il fait nuit. Victor aperçoit un long chemin noir entre les maisons du village et, soudain, la flaque jaune que font les lumières du café.

Germain Weber arrête la voiture. Il flanque une tape sur l'épaule de Victor :

« Allez, descends, l'artiste ! »

Quand la porte du café s'ouvre, un brouhaha de voix, les bribes d'une chanson, un rire nerveux se déversent dans la rue sombre. Et une ombre se découpe, sur le rectangle lumineux de la porte :

« Je suis le capitaine Dieudonné... Mes hommages, madame.

— Enchantée, capitaine », lance Lilas Zénith de sa voix de cristal.

Et, dans le fouillis de ses plumes, en trébuchant sur ses bottines à talons, elle s'approche de la haute silhouette qui s'incline pour lui baiser la main :

« J'vous présente mes camarades... et mon p'tit cousin à la mode de Bretagne, Victor.

— Nous sommes très heureux de vous accueillir, madame... D'autant plus que c'est un grand jour...

— Ah oui ? braille Rosette qui voudrait bien ne pas passer inaperçue.

— Un très grand jour, madame Zénith... L'Autriche-Hongrie a demandé l'armistice !

— Oh, mon Dieu ! s'écrie Lilas Zénith. La guerre est bientôt... La guerre est bientôt...

— Guillaume ne tardera pas à faire la culbute...

— C'est bien fait pour ses pieds », remarque Rosette.

Lilas Zénith a plus de classe :

« Oh, capitaine... Vive... Vive la France ! »

Elle ajoute :

« Il faut arroser ça... J'boirais bien une coupe de champagne. »

Le capitaine se met à rire.

Il s'efface pour la laisser passer devant lui. Et quand Lilas Zénith entre dans l'estaminet miteux, l'ovation qui la salue ressemble au déferlement d'une mitraille.

Une scène rudimentaire a été installée dans l'arrière-salle du café. De grandes tables à tréteaux qui servent pour les repas de communion, au village. Et des rideaux noirs qu'on utilisait pour la défense passive, au plus fort de la guerre, quand les Boches n'étaient pas plus loin qu'un jet de pierre.

Les soldats qui se reposent au cantonnement ont pris le temps de peindre une superbe pancarte : « Bienvenue à Lilas Zénith ! » Des fleurs et des volutes encadrent le nom de l'artiste. Accrochée au-dessus de la scène, la pancarte a grand air.

On a traîné des bancs pour les spectateurs. Et, dans un cagibi aux relents de moisi qu'elle a baptisé « loge », Lilas Zénith se maquille.

Rosette donne de grands coups de brosse dans un costume, Frédérick Macaire se gargarise avec une lampée de rhum, tandis que Germain Weber s'habille en soupirant qu'il en a marre de jouer les « traîtres »...

« T'y peux rien, c'est ton emploi », le console Rosette.

Victor est assis dans un coin, derrière les rideaux noirs. Il entend une vague rumeur, le raclement d'un banc sur le pavé de la salle : les soldats s'installent. Ils viennent quémander un peu de rêve.

Est-ce le visage de Lilas Zénith qui les accompagnera, plus tard, lorsqu'ils remonteront en ligne ?

Victor a le trac. Les jambes molles. Ah ! si son père pouvait le voir en scène !

« On est pareils, on fait la même chose tous les deux... »

Il serre entre ses deux mains le gourdin qu'on lui a donné pour frapper les trois coups.

« Un "brigadier", comme dans un vrai théâtre... »

Victor est le seul à ne pas changer de costume. Et il en est bien content. Il n'a pas envie de se séparer du revolver, caché dans sa veste.

« Alors, Victor, tu es prêt ? »

L'envolée d'une tunique blanche, des cheveux blonds répandus jusqu'à la taille, des fleurs bleu, blanc, rouge, en couronne, Lilas Zénith est très belle. Oh, pas comme Aliénor de Tornegat, bien sûr...

Parce qu'Aliénor est la plus belle du monde.

Peut-être... la plus belle du monde, parce que

son visage est le premier visage qu'il ait jamais regardé, vraiment.

« Hé, Victor, tu rêves ?

— Euh, non...

— T'as ton jeu de cartes ?

— Oui.

— N'oublie pas d'remonter l'phonographe, avant d'mettre le disque... »

L'énorme pavillon du phonographe brille en coulisses.

Et tout va très vite. Les paumes moites, Victor frappe les trois coups. Un brusque silence tombe, de l'autre côté des rideaux. Victor tourne hâtivement la manivelle du phonographe. Une musique stridente éclate. Victor tire des deux mains sur les filins qui manœuvrent les rideaux.

Lilas Zénith entre en scène, dans la lumière de lampes à pétrole et de chandelles qui font une rampe de fortune.

C'est un Petit Chaperon Rouge d'un genre tout nouveau et qui minaude, son panier au bras. Les soldats applaudissent, sifflent.

Lilas Zénith danse une joyeuse pastorale, en soulevant son blanc jupon. Mais le loup la guette... Germain Weber a mis un casque à pointe... Le loup est d'un genre tout nouveau, lui aussi.

« Fais gaffe, c'est un pruso ! » hurle un spectateur, à demi soulevé de son banc.

Mais Lilas Zénith sautille et gambade de plus belle. Elle ose même des entrechats qui découvrent ses genoux roses.

Victor tourne à tour de bras la manivelle. Le disque repart. Le loup emporte le Petit Chaperon Rouge, jeté inanimé sur son épaule.

Heureusement, la grand-mère intervient... Frédérick Macaire est d'une majesté écrasante. Il n'est pas coiffé du bonnet coutumier à la grand-mère du Petit Chaperon Rouge... Mais d'un chapeau claque et, avec sa grosse moustache blanche, il ressemble à :

« Clemenceau ! C'est frappant, hein ? » glapit Rosette dans les oreilles de Victor.

La grand-mère met le loup prussien au tapis. Germain Weber s'effondre en un râle caverneux. Lilas Zénith lui pose un pied sur la tête. Elle sourit, triomphante.

La salle applaudit.

« C'est une... C'est une... parabole, tu comprends, Victor ? »

Germain Weber s'est relevé. Il arrache son casque à pointe, comme s'il lui brûlait la tête. Et il entonne la *Marseillaise,* à pleine voix. Son accent alsacien résonne jusqu'au bout de la salle. Et tous les soldats se mettent debout.

Victor a envie de pleurer, il ne sait pas pourquoi.

Et Lilas Zénith se met à chanter, et Frédérick Macaire, et Rosette, et le capitaine Dieudonné, et tous les soldats.

Alors, Victor chante la *Marseillaise,* lui aussi, aussi fort qu'il peut.

On a posé une petite table devant Victor.

Les lumières basses de la rampe lui font des cernes noirs sous les yeux. Elles donnent des reflets rutilants à ses cheveux collés par la gomina. Il est étrangement pâle. Livide.

Il bat les cartes. L'une lui échappe. Elle lui glisse des doigts. Elle s'envole, rouge et blanche, dans la lumière. L'As de cœur.

Victor fait comme s'il ne l'avait pas remarqué : un conseil de son père. Ne pas remarquer ce qui rate, en scène.

« Mesdames et Messieurs... »

La voix de Victor est si faible qu'elle parvient à peine au premier rang... Comme débuts de magicien, c'est réussi !

« Mesdames et Messieurs... Vous voyez cette carte ?

— On voit surtout celle qui est par terre ! »

Tout le monde rit. Victor sent une onde de chaleur lui monter dans tout le corps, jusqu'aux joues. De quoi a-t-il l'air ? Que penserait son père ?

« Eh bien, cette carte... cette carte... »

Oh, la danse des cartes, entre les mains fines de son père... Comme le public se taisait !

Tapie derrière les rideaux noirs, Lilas Zénith flaire le danger :

« Le p'tit est en train de faire un bide... »

Alors, elle entre en scène. Il y a un instant de stupeur... Lilas Zénith a enfilé un déshabillé de mousseline, couleur chair, tout bordé de cygne palpitant. Décidément, elle aime les plumes ! Une rafale de « Bravo ! » l'en félicite.

Elle tend à Victor ses beaux bras minces, dans des manches à la japonaise :

« Voyons, voyons, monsieur Victor... Je sais que vous nous cachez quelque chose... Je le sais... Je le sais... Et votre secret est dans les cartes... Ne soyez pas égoïste, dites-nous ce que vous voyez... Pour demain, par exemple... Demain, 4 novembre 1918. »

Elle fait un léger clin d'œil à Victor. Elle siffle entre ses dents :

« T'affole pas ou t'es fichu... »

Alors, brusquement galvanisé, il bat le jeu de

cartes. Et elles se mettent à danser dans la lumière, comme si c'était le père de Victor qui le leur commandait.

Il y a un homme, assis au fond de la salle. Un soldat comme les autres. L'homme regarde Victor, les yeux mi-clos.

Finalement, ça ne s'est pas trop mal passé. Il faut croire que les soldats ne sont pas difficiles.

Il y en a même deux ou trois qui ont invité Victor à boire un coup. Il a lu, dans les cartes, que la paix était pour bientôt, pour très bientôt. C'est une prédiction qui s'arrose !

Victor boit une gorgée d'un vin presque noir, râpeux, qui lui laisse une moustache violacée autour des lèvres.

« Tu veux t'rouler une sèche ? » lui demande l'un des soldats.

Victor hoche la tête. Il pense à Antoine Robin, tout à coup... Comme si Antoine Robin se trouvait très, très loin, derrière lui, sur une longue route.

Il roule, tant bien que mal, une cigarette. Il crachote une première volute.

Et il se renverse, le dos au mur. Il croise les bras. Il ferme à demi les yeux. La cigarette se consume, aux commissures de ses lèvres. Il n'écoute pas le tapage des soldats, autour de lui. Il n'écoute pas le rire léger de Lilas Zénith, invitée à la table du capitaine. Il est bien... Peut-être.

Il paraît que, lorsque quelqu'un vous regarde à votre insu, on le sent...

Victor tressaille, ouvre grands les yeux. Il ôte la cigarette du coin de sa bouche. Et il croise un regard, fixé sur le sien, deux ou trois tables plus loin.

Victor détourne la tête. La fumée, le brouhaha, ce mauvais vin... Il se sent tout barbouillé. Il se lève. Il se fraie un chemin jusqu'à la porte.

L'air froid du dehors le cueille comme une gifle. Le secoue. Il fait quelques pas dans la rue sombre. Au-dessus de lui, le ciel fourmille d'étoiles.

On marche dans son dos. Il se retourne. Et il croise le même regard que tout à l'heure. Pourquoi cet homme l'a-t-il suivi ?

« C'est chouette, ton jeu de cartes. Où tu as appris ? »

Victor déglutit avec peine. Il est inquiet, soudain. Il serre les dents.

« J'ai connu un gars... Il nous faisait des tours, lui aussi... Et lui aussi, il prévoyait la paix pour la semaine suivante.

— Ah oui ?

— Oui... Quand on était dans la boue jusqu'au cou, ça nous faisait plaisir...

— Ah oui ?

— Oui. Il faisait le même tour que celui que tu as fait. Identique. Avec l'As de cœur par terre.

— J'ai pas fait exprès », avoue Victor.

Il est mal à l'aise. Il jette un coup d'œil vers la clarté blonde des fenêtres. Il entend le rire de Lilas Zénith. Il fait un pas en avant.

« En plus, ce gars, il fumait comme toi. Sans toucher à la cigarette. »

Les mots vous tombent dessus sans crier gare, quelquefois. Et ils vous brûlent, ils vous glacent partout où ils vous frappent.

« Souvent, ce gars, il nous parlait de son gamin... Il ne pensait qu'à lui. »

L'inconnu scrute le visage pétrifié de Victor.

« Alors, comme je t'ai vu... Je me suis dit : Et si c'était le fils de Chevrier ? »

C'est la nuit et, pourtant, Victor a l'impression que le soleil tourbillonne, explose, inonde le ciel de lumière. Il en est aveuglé.

Il saisit l'inconnu par le col de sa capote. Il le secoue en criant :

« Où est-il ? Où est-il ? Où est-il ? »

« Alors... "Ils" l'ont condamné à mort, comme les autres mutins.

— Vous avez dit que c'était en 17 ?

— Oui, au mois de mai. On n'en pouvait plus. On n'en voyait plus le bout, de cette guerre... Et eux, ils ont refusé de monter au feu. Une sale période. Alors, c'était marche ou crève, tu comprends, Victor ?

— Je ne sais pas si je comprends.

— Qu'est-ce que tu veux ? "Ils" ont voulu faire un exemple...

— Et mon père a été fusillé. Fusillé par des Français.

— Non. »

L'inconnu répète, d'une voix plus basse :

« Non. »

Victor voudrait hurler : « NON ! » lui aussi. Pour bien s'en persuader : « NON ! » Il est incapable de parler. Sa gorge est sèche. Sa langue est sèche.

Il a l'impression qu'il s'accroche aux trois petites lettres du mot « NON ! » et qu'agrippé à elles, il se balance, dans le vide.

« NON ! »

16

Le 11 novembre 1918

Lorsqu'il s'endort, Victor tombe la tête en avant, sur le panier d'osier. Un cahot de l'automobile le rejette contre l'épaule de Germain Weber.

Il se réveille en sursaut. D'un geste machinal, il tâte la forme dure du revolver, au fond de sa poche.

Dormir ? Pourquoi dormir, d'ailleurs ? Comme si c'était le moment de dormir... Avec tout ce qu'il sait, maintenant !

« Père... »

Ainsi, « ils » t'ont enfermé dans une grange, tout

seul, avant l'exécution, parce que tu étais une forte tête ?

« Ils » ne se souvenaient pas que tu étais un vaillant soldat, aussi, lorsqu'il le fallait ?

« Ils » ne se souvenaient pas que tu savais risquer ta vie, aussi, sans faire de manières ?

Mais voilà, il se trouve qu'un jour, tu en as eu assez...

« Père...

« "Ils" t'ont enfermé dans une grange, tout seul... "Ils" avaient oublié que personne ne peut t'enfermer, Père... Un acrobate ! Un trapéziste ! »

Au matin, l'oiseau s'était envolé...

« Pourquoi tu ris, Victor ? » crie Germain Weber.

Et le vent froid emporte sa voix le long de la plaine.

Il crie encore :

« Ben, dis donc, c'est pas joli-joli ce qu'ils nous laissent, les Boches ! »

Victor hausse les épaules : on finit par s'y habituer au pas joli-joli des Boches... Ah, pour reculer, ils reculent... Mais en ne laissant pas grand-chose debout. « Le plaisir de nuire », dit Lilas Zénith, méprisante.

Et, jour après jour, ils voient les mêmes prés laminés, retournés, saccagés, les mêmes villages démolis, les mêmes ponts écroulés, les mêmes arbres soufflés, cisaillés.

Mais la vie réussit tout de même à se frayer un chemin parmi toutes ces ruines... Et elle jaillit, tout d'un coup.

Ce sont les enfants qui courent derrière l'automobile, lorsqu'elle traverse un village. Et ils piaillent. Et ils rient.

Au fond, tant qu'il y a des enfants, rien n'est jamais tout à fait fini.

« Dis-moi, Victor, maintenant que tu t'en tires mieux, pourquoi fais-tu toujours tomber la même carte, pendant ton numéro ?

— Comme ça... Comme ça... »

Victor n'a pas envie de partager les idées qui lui trottent en tête. Si Dupin était là... peut-être que... ou Aliénor...

Et il tourne vers l'Alsacien son froid regard clair. Il ne sourit pas. Bientôt, il n'y aura plus de magicien dans la troupe de Lilas Zénith...

Cet oiseau-là aussi va s'envoler.

Malgré tout, il somnole. Et il balbutie :

« Germain... Est-ce que c'est le tonnerre ?

— Écoutez-moi celui-là... Après quatre ans de guerre... Il croit encore entendre le tonnerre ! »

Il tonne, pourtant, dans le ciel bas. À coups

monotones. Et, au loin, des fumées grises se mêlent aux nuages gris.

La voiture roule dans un chemin creux où la boue fait d'épaisses nappes luisantes. Les roues s'y enfoncent.

De chaque côté du chemin, sur les talus, des restes d'arbres se hérissent, comme des pieux.

« Tu parles d'une rigolade ! »

Germain Weber ronchonne. La voiture patine, un instant et, dans un grincement désolé, s'arrête au milieu d'une flaque.

« C'est complet ! »

Germain Weber lâche le volant, arrache ses lunettes. Il saute de la voiture :

« Et tout ça pour aller faire le loup pruso ! »

La portière s'entrouvre, Lilas Zénith y incline son joli visage :

« Qu'est-ce qui se passe, encore ?

— Encore, encore ! Il se passe que l'auto est embourbée...

— Eh ben, alors ? Vous êtes trois hommes, que j'sache ? Ça doit pas être bien difficile de la sortir de là... »

Lilas Zénith descend le marchepied de la voiture, comme si elle se trouvait rue de la Paix.

« Tu viens, Rosette ? On va attendre dehors.

— Avec ce froid ? » gémit Rosette.

Et elle s'extirpe de sa coquille, suivie de Frédérick Macaire qui grommelle des protestations sans queue ni tête.

« Et en plus, ça canarde pas loin ! lance Germain, les bras au ciel.

— Tiens, c'est pas l'tonnerre ? » s'étonne Lilas Zénith.

Et comme Victor éclate de rire, elle rit aussi, de confiance.

« Allez, Victor, aide-moi à grimper sur l'talus... Je vais voir où on est.

— Comme si tu connaissais la région ! aboie Germain Weber.

— T'occupe ! »

Et Lilas enfonce bravement ses bottines dans la boue gluante du talus. Victor l'entraîne par la main. Les plumes rouges et vertes de Lilas Zénith oscillent sur sa tête blonde, à chacun de ses pas.

« Oh ! Dis donc, Victor... »

Lilas Zénith tend le bras. Sa main gantée désigne quelque chose.

« On dirait... On dirait que la terre est griffée. »

Là-bas, du côté de l'horizon bas. De longues stries blanches déchirent la terre, comme des estafilades exsangues.

« Les tranchées. Ce sont les tranchées françaises... Et les Boches. »

Et Lilas ajoute, très bas :

« Oh, les pauvres... Les pauvres gars. »

Lilas Zénith et Victor se serrent l'un près de l'autre. Ils en ont vu, d'affreux paysages... Mais ces blessures de la terre... Ces blessures dans lesquelles s'enfouissent des hommes, pour mieux s'entretuer...

« C'est chouette, vu de là-haut ? crie Rosette, du bas du talus.

— Vachement ! »

Et Lilas saisit la main de Victor, avec brusquerie :

« Tu entends ? »

Victor avale sa salive avec peine. On dirait que la terre vibre, dans un sourd grondement, comme si une de ces bêtes couvertes d'écailles, une de ces bêtes qui crachent le feu, se réveillait, soudain, et s'ébrouait. Un brontosaure, un dragon...

« Qu'est-ce qui se passe ? » glapit Rosette.

Germain Weber et Frédérick Macaire semblent paralysés.

Lilas Zénith est aussi blanche qu'une feuille de papier. Elle tourne la tête vers le bout du chemin. Victor s'agrippe à sa main.

La guerre a fui devant eux, pendant ce voyage... Et si elle leur sautait dessus, maintenant, par-derrière ?

Le char surgit, au détour du chemin. Énorme, massif, avec de grosses taches verdâtres sur sa carapace : sur son flanc, pointe la monstrueuse trompe du canon.

Les chenilles noires du char tournent lentement dans la boue. Elles clapotent, elles jettent à droite et à gauche des gouttes noires.

Le char s'approche.

Il fait un bruit assourdissant que traverse la voix, soudain perçante, de Lilas Zénith :

« Les Français ! »

Et du rouge lui monte aux joues, d'un coup.

Lilas Zénith fait dans ce petit bourg une entrée d'impératrice romaine.

On en a vu des choses, pendant cette guerre... Mais une automobile remorquée par un tank...

« Ça, c'est plus fort que du poivre », remarque une commère, les mains sur les hanches.

Lilas Zénith est logée chez le maire. Avec Rosette, sa caméariste.

Le loup pruso, le père noble et Victor, le magicien, partagent la paille d'une grange avec les hommes de troupe de ce régiment de blindés.

Victor traîne dans le village. Au loin, il tonne ujours. Comme par habitude. Mais Victor se sent l'abri. À cause des chars, peut-être ? Défendu par un de ces mastodontes, rien ne peut vous arriver...

« Si on gagne la guerre, ce sera grâce à eux, a dit le lieutenant. Grâce à eux, on a déjà sauvé Paris... »

Et Victor aimerait bien voir de tout près cette dernière invention...

« Où tu vas, petit ? »

Devant une grande bicoque, un soldat monte la garde, armé jusqu'aux dents. Il a un cache-nez entortillé autour de la tête, sous son calot. Le froid pique.

« Alors, où tu vas ?

— Je me promène...

— Eh bien, va te promener ailleurs... »

Une toux étouffée... Elle vient du soupirail, ouvert au ras des pieds de la sentinelle.

Et Victor aperçoit deux yeux clairs qui trouent l'ombre. Qui le regardent. Et deux mains pâles accrochées aux barreaux.

« C'est un Boche... »

Le soldat est tout réjoui, soudain. Victor le comprend :

« On a fait prisonnière toute une section, hier matin : on a collé les gars dans la cave du notaire. »

Alors, c'est à cela que ça ressemble, un Boche ? C'est à cela que ça ressemble, un ennemi ? Un pauvre visage aux yeux effarés, une pauvre voix hésitante qui réclame à boire :

« Non, mais des fois ? s'indigne le soldat. Demande à boire à Guillaume, si tu en as envie ! »

Les mains lâchent les barreaux. Victor ne voit plus les yeux du Boche. Il s'éloigne. Il a un poids sur le cœur. Il se dit qu'il n'y a pas de raison.

C'est le silence qui réveille Victor. Le canon s'est tu.

Par la lucarne entre la claire lumière de midi. Elle glisse sur la paille entassée : les corps des soldats y ont creusé des niches. Elles sont vides.

Victor s'arrache à son cocon. À grandes claques, il se débarrasse de brindilles. Où sont passés Frédérick Macaire et Germain Weber ? Ils étaient plutôt éméchés, hier soir, après la représentation : ils se sont écroulés dans la paille !

Et une cloche se met à sonner. Victor l'écoute : ce n'est pas le glas... Ce n'est pas le tocsin...

La cloche sonne à grands coups réguliers qui, peu à peu, s'affolent, éclatent, frappent comme des cymbales. Et des cris lui répondent. Des cris qui fusent de tous les coins du village.

Victor sort en courant de la grange. Tout le village est dans la rue. Des gens s'embrassent, d'autres pleurent, certains rient, sans pouvoir s'arrêter.

Victor aperçoit Lilas Zénith : ma parole, l'heure est grave ! Lilas Zénith virevolte dans son déshabillé bordé de cygne, en pleine rue... Et elle n'est pas maquillée.

« Victor ! Victor ! »

Il court vers elle. Étourdi, le cœur au bord des lèvres. Qu'est-ce qui se passe, encore ? Qu'est-ce qui se passe ?

« Victor... »

Elle le prend dans ses bras.

« Victor... C'est l'armistice ! Foch l'a fait signer hier soir aux Boches !

— L'armistice ? Est-ce que ça veut dire que la guerre est finie ?

— Oui, c'est ça, petit, ça veut dire aussi qu'on a gagné la guerre ! »

Et le fracas des cloches lui coupe la parole, avec les clameurs des gens qui portent Germain Weber en triomphe, parce qu'il est Alsacien.

Lilas Zénith lâche Victor : elle se jette au cou de Frédérick Macaire :

« Ah ! Papa, papa... »

Comment la nouvelle est-elle parvenue au village ? Par télégraphe, par téléphone ou par une estafette, venue des lignes ?

Victor est debout au milieu de la foule. Il est bousculé, embrassé. Il ne se rend compte de rien.

La guerre est finie... Alors, elle arrive, sans crier gare, et elle s'achève, tout d'un coup, comme s'éteint une bougie usée ?

Victor part à pas lents, au hasard.

Et Dupin ? Et Aliénor ? Ils l'ont perdue, la guerre, eux, pour toujours... Ils sont orphelins.

Il s'assoit sur une borne. La foule reflue vers la mairie : un gratte-papier vient de punaiser sur la porte l'ordre du jour du maréchal Foch. Des voix un peu laborieuses lisent le texte. Victor en glane des bribes.

« *... arrêté l'ennemi...*

« *... la plus grande bataille... la liberté du monde...*

« *Soyez fiers !* »

La guerre, la grande guerre est finie, mais celle de Victor ne l'est pas. Pas encore. Il reste un effort à faire, un tout petit effort.

« Père... »

Il appuie son menton sur ses deux poings. Et il aperçoit la figure du Boche, dans l'ombre du soupirail.

Les yeux clairs du Boche sont fixés sur la foule en fête. Une larme lente coule sur sa joue.

Victor détourne la tête.

Hier soir, à la fin du spectacle, Lilas Zénith a distribué aux soldats les fleurs tricolores de sa couronne : elle ne jouera plus le Petit Chaperon Rouge. Et chacun se bousculait pour attraper ce qui est devenu, déjà, un souvenir...

Lilas Zénith repart aujourd'hui pour Paris...

Il n'y a plus de cloche, au portail de la maison du maire. Un écriteau pend de guingois : « Chien méchant ». Il n'y a plus de chien, non plus.

Victor entre dans la maison du maire comme dans un moulin. Il appelle :

« Madame Zénith !

— Monte, Victor ! »

Lilas se penche au-dessus de la rampe, en cache-corset et jupon. Dans la lumière crue du matin, elle est blême.

« Elle est plus jolie quand elle est fardée... »

Lilas retourne à sa toilette.

« Ah, j'suis pas en avance... Et les autres ?

— Ils ont chargé l'auto...

— Eh bien, assieds-toi. »

Lilas Zénith prend place devant la coiffeuse. Elle enfouit une houppette dans sa boîte à poudre et, à petits gestes précis, elle s'ennuage le visage. Elle est soudain toute rose.

« Au fait, Victor, qu'est-ce que tu fais là ? Tu pourrais donner un coup d'main aux camarades.

— Je suis venu vous dire au revoir. »

Lilas Zénith reste coite, la houppette en l'air, une seconde.

« Tu ne viens pas à Paris avec nous ?

— Non.

— Pourquoi ? »

Il se tait.

« J'parie que c'est à cause de ton père ?

— Oui. »

Lilas laisse tomber la houppette sur le marbre de la coiffeuse : elle prend dans les siennes les deux mains de Victor.

« Mais, mon pauv'petit...

— Je ne suis pas un pauvre petit...

— Mais si ! Tu t'mets en tête des choses... des choses folles, tu comprends ?

— Non.

— "Disparu", ça veut dire "mort"... Excuse-moi, mais c'est comme ça. »

Victor sourit : Lilas ne sait pas tout. Elle ne connaît pas l'histoire du mutin... Du mutin envolé, par magie !

Il a l'impression qu'il serre ce secret contre lui, contre sa poitrine : il lui donne tous les courages.

« Victor, ton avenir est à Paris, avec nous... Tu vas voir comme on va travailler ! Après les guerres, les gens ont envie de s'amuser. Et nous, on va les amuser... C'est not'boulot. C'est pour ça qu'on est fait.

— Pas moi, dit Victor.

— Et qu'est-ce que tu vas faire ? Tu vas retrouver ton père, par hasard ?

— Non, pas par hasard. Je vais le retrouver, c'est tout.

— Bon, admettons... Et après ? Qu'est-ce que vous ferez ? Vous reprendrez la route, comme avant la guerre ?

— Mais... oui. »

Lilas Zénith secoue la tête. Sa poudre sent la violette.

« Victor, tu n'as plus dix ans... Et ton père... s'il est vivant... il va porter la guerre sur le dos, toute sa vie.

— Et alors ?

— Alors, plus rien ne sera comme avant, jamais.

— Pour les autres peut-être, dit Victor, pas pour nous. »

Lilas Zénith a un geste agacé. Elle empoigne sa

brosse. Elle remonte ses cheveux en chignon. Elle y plante d'épaisses épingles d'écaille :

« Tu es une vraie bourrique, Victor.

— Je sais. »

Ils se sourient dans la glace. Venu du dehors, un meuglement plaintif les fait tressaillir :

« La voiture ! C'est Germain qui s'impatiente ! »

Lilas attrape sa robe, elle l'enfile par la tête :

« Tiens, boutonne-la-moi, Victor. »

Victor ferme, un à un, les boutons de jais de la robe en velours. Il s'applique, les cils baissés. C'est joli, cette peau de soie.

« T'es pas très doué : tu m'as griffée ! »

Lilas Zénith rit. Elle saisit son chapeau. Elle se le met sur la tête. Elle l'incline sur l'œil gauche, d'une chiquenaude. Les belles plumes rouges et vertes lui caressent la joue.

Puis, elle ramasse son réticule, elle ferme sa mallette de toilette :

« Allez, Victor, on y va.

— Vous y allez. Mais pas moi. »

Lilas Zénith semble hésiter. Un autre coup de trompe la décide :

« Bon, comme tu voudras... »

Elle plonge la main au fond de son réticule : elle en extirpe des billets froissés, un petit carton blanc.

« Tiens, prends... Sur la carte, il y a l'adresse de M. Dubois : c'est mon... mon... Enfin, c'est mon imprésario. Il sait toujours où me trouver. Si tu viens à Paris, si tu as besoin de quelque chose...

— En tout cas, je n'ai pas besoin d'argent. J'ai déjà cinq...

— Fais pas l'âne ! »

Elle s'en va.

« Madame Zénith... »

Elle s'arrête.

« Merci... Merci beaucoup. »

Et Victor lui tend les bras. Il a du chagrin, soudain. Il voudrait à la fois qu'elle parte, très vite, et qu'elle reste, encore un peu, un tout petit peu.

Les yeux verts de Lilas Zénith sont à peine plus hauts que les siens, dans l'ombrage des plumes... Et, tout à coup, ils sont très près... Victor en voit la pupille noire, dans le cercle pâle de l'iris. C'est bizarre, c'est gênant. Victor ferme les paupières.

Et Lilas Zénith dépose sur ses lèvres un drôle de baiser, très doux, qui y laisse une petite trace brillante de salive.

Lorsque Victor ouvre les yeux, Lilas Zénith est partie.

17

Le temps des cerises

Les oiseaux doivent savoir quand une guerre est finie. Quelqu'un ou quelque chose est certainement chargé de les avertir, eux aussi.

Ceux-là pépient, à plein gosier. Pourtant, le soir tombe, et ils pépient, de leurs petites voix aiguës, précipitées, presque furieuses.

« À croire qu'ils veulent rattraper le temps perdu... »

Victor est tout seul, il n'a pas chaud. Les oiseaux lui tiennent compagnie, perchés très haut, dans l'arbre nu. Il s'y adosse. Il regarde le jour mourir, tout autour de lui, dans une brume mauve qui coule du ciel sur la plaine.

Où va-t-il passer la nuit ? Cela lui est égal. Et il se rend compte qu'il guette, malgré lui, l'écho lointain d'une canonnade. C'est difficile de se débarrasser de la guerre... Surtout des bruits de la guerre qui sont sa respiration, à elle : on finit par s'y habituer.

Le village est à un quart d'heure de marche. Au creux du vallon, Victor aperçoit des toits que l'ombre gomme. Il entend le chuchotis d'un ruisseau.

« Beaupoix... »

C'est dans une grange de Beaupoix que son père a été enfermé. C'est de là qu'il s'est enfui.

« Beaupoix... »

Soudain, Victor n'a plus le courage d'avancer... Être si près du but... Cela fait peur.

Les oiseaux se sont tus, d'un coup. C'est que la nuit est presque là. Pourtant, Victor ne bouge pas. Que peut-il faire ? Aller jusqu'à Beaupoix, poser des questions à droite et à gauche ?

Ah, ça, tout le monde doit se souvenir du mutin enfermé dans une grange ! Mais si quelqu'un l'a aidé à s'échapper, il ne l'avouera pas.

Et si ? Et si en cherchant son père, et si en le trouvant, il allait le mettre en danger ?

Son père s'est enfui. Son père est hors la loi. Son père est pareil à un gibier qui se cache. Et lui, Victor, court à sa suite... Par sa faute, son père sera peut-être débusqué par ceux qui lui en veulent.

Malgré le froid, une rigole de sueur lui coule le long du dos. Victor est obligé de s'asseoir, au pied de l'arbre. Son cœur bat à grands coups qui font mal :

« Je n'avais jamais pensé à ça... »

Et il a pris un train.

Il est descendu au bourg, pas loin de Beaupoix. Il ne se posait pas de questions. Il fallait aller à Beaupoix, c'était tout.

Il n'avait plus peur de rien.

Mais voilà... La peur sait vous rattraper au tournant.

Assis dans l'herbe humide, au pied de l'arbre, Victor a peur. Il serre les dents pour les empêcher de claquer. Il referme les doigts sur le revolver, au fond de sa poche.

Mais cela ne l'empêche pas d'avoir peur. La peur de Victor n'est pas de celles qu'un revolver intimide.

Victor se met debout d'une secousse. En marchant très vite, peut-être réussira-t-il à semer la peur, loin derrière lui ?

Il coupe à travers champs. Il marche à grands

pas jusqu'aux saules qui bordent le ruisseau. Sur sa droite, loin en amont, il aperçoit les maisons de Beaupoix, tassées les unes contre les autres, sous le ciel violet. Une lampe brille, de-ci de-là.

Bientôt, il fera tout à fait noir.

Victor reste immobile. La peur s'est évanouie, dans l'ombre maigre des saules. Il entend frissonner le ruisseau, sur les cailloux. Il a froid, mais il n'y fait pas attention. Parce que au frisson de l'eau se mêle une sorte de grincement, de chuintement...

Victor tend l'oreille.

Il tourne le dos au village à pas hésitants. L'obscurité noie les rives du ruisseau.

Et en aval, au tournant du ruisseau, il distingue une masse lourde, à demi effondrée au bord de l'eau.

« Un moulin... »

C'est sa grosse roue que le courant fait gémir en la poussant d'avant en arrière. Le moulin est noir dans la nuit noire.

« Mais c'est un abri comme un autre. »

Victor écarquille les yeux. Il va à tâtons.

Et soudain, tout près, comme si elle sortait en sautillant de la nuit, une musique aigrelette se met à danser *Le Temps des Cerises,* au violon.

Victor ne bouge plus. Il fouille les ténèbres du regard, désespérément. Il ne voit qu'un auvent qui pointe, dans la nuit, au-dessus de l'eau luisante.

Et le crin-crin, sans s'arrêter, prend et reprend sa ritournelle aiguë. Comme s'il n'y avait pas d'autre musique. Comme s'il n'y avait pas d'autre chanson.

Victor n'ose pas remuer. Pareil à celui qui guette un animal sauvage. Il a peur de l'effrayer. Et il a aussi très peur de lui. Il comprime son cœur, à deux mains. Il écrase le sachet de lettres, en même temps, et la toile et le papier durci lui égratignent la peau. *Le Temps des Cerises...* Comme son père l'aimait, cette chanson...

La musique s'arrête tout d'un coup.

Et, dans le trou noir qu'est la nuit, un point rouge s'allume. Un point rouge, immobile.

L'odeur du tabac gris monte lentement entre les saules.

Victor regarde grésiller le point rouge de la cigarette, dans la nuit. Il ne peut y croire.

Et c'est lorsqu'il s'éteint qu'il hurle d'une voix étouffée :

« Père ! »

Il se jette en avant, dans un fracas de branches remuées, de terre piétinée.

Sous l'auvent du moulin, il bute contre une marche que l'humidité a pourrie. Il tombe.

Une brûlure fulgurante lui traverse la paume : il referme les doigts. Il tient un mégot mal éteint au creux de sa main.

« Père ! »

Dans son cri, il y a un mélange de stupeur et de triomphe.

Une main se pose sur son épaule.

« Victor, c'est toi ? »

Et, tout en la reconnaissant, Victor se rend compte qu'il avait oublié la voix de son père. Le son de la voix de son père.

Ils ont parlé toute la nuit.

Et maintenant, le jour vient. Il passe par la fenêtre étroite. Autour du moulin, la pluie fait comme un bruit de houle, pressé, haletant. Et elle gargouille dans le ruisseau.

Victor a sommeil, tout à coup. Et il est triste. Peut-être parce que les vœux exaucés sont plus terribles encore que ceux qui ne le sont pas ?

Son père a des cheveux gris, mêlés aux noirs... Et l'on dirait qu'il se tient moins droit. Moins droit que dans son souvenir, en tout cas.

Victor a l'impression qu'il a cherché quelqu'un

et que c'est quelqu'un d'autre qu'il a retrouvé. Des larmes lui nouent la gorge.

Il voudrait s'accrocher au cou de son père, comme à l'époque où il était petit garçon, mais voilà qu'il est presque aussi haut que lui, maintenant. Il n'ose pas.

Son père est de dos. Il surveille au-dehors, par la fenêtre.

« "Elle" ne tardera plus, dit-il. Tous les matins, "elle" m'apporte un panier, avec des provisions...

— Depuis que tu t'es échappé de la grange ?

— Oui, c'est cela. Sans "elle"...

— Sans "elle", quoi ? »

Victor parle d'une voix acerbe.

« Sans "elle", j'étais fichu. J'étais comme une bête piégée. C'est "elle" qui m'a conduit jusqu'à cette cache.

— Ah bon ? »

Les paupières de Victor brûlent.

« Et puis "elle" fait courir le bruit, au village, que le moulin a été miné par les Boches... Cela fait peur aux curieux... »

« Elle »... « Elle »...

Victor ferme les yeux.

« Alors, tu... tu as oublié Maman ? »

« Ta mère était si belle... », disait-il.

« Je n'ai rien oublié, Victor. »

Son père ne se retourne pas :

« Je n'ai rien oublié, Victor, mais la vie a changé, voilà, la vie a changé... »

Sa voix tremble :

« Il faut faire ce que l'on peut, avec le peu qu'on a. »

Victor ne répond rien. Son père a les larmes aux yeux. Il se retourne, hésitant.

Victor s'est endormi, la tête entre ses bras croisés sur la lourde pierre du moulin.

Alors, son père va à la porte, il l'entrouvre. Il cherche du regard, dans le rideau de pluie, la silhouette de celle qui se hâte vers lui.

« Elle » a laissé un panier plein à ras bord et l'odeur de laine mouillée de son châle. Quand Victor se réveille, elle est partie.

Le père et le fils déjeunent. La pierre du moulin sert de table. Le vin leur rougit les joues.

Victor mord à pleines dents dans une pomme de terre cuite sous la cendre, tenue au chaud dans un torchon, avec les autres.

La pluie tombe de plus belle. Quelquefois, une rafale passe par le toit crevé. Des gouttes froides éclaboussent la pierre.

Aura-t-il le courage de parler ? Il le faut. Mais pourtant... Victor aimerait ne pas l'avoir. Pour se sentir encore un enfant. Un petit enfant. Celui de son père. Ce serait bien d'être toujours « le petit ». C'est pénible de devenir une grande personne. En plus, c'est définitif.

« Père... »

Et il croise ce regard si noir, si doux.

« Oh, Père, si seulement je pouvais t'embrasser, comme avant... »

Il dit :

« Père, il va falloir prendre une décision. »

Mon Dieu, quelque chose qui ressemble à de la crainte passe sur le visage de son père, le froisse.

« Tu ne vas pas passer ta vie dans ce moulin !

— Non, peut-être pas... Mais “elle” trouvera une solution.

— “Elle”... Ou moi.

— Toi ? »

Son père sourit. Pendant une seconde, le passé est là, chaud, vivant, comme un petit oiseau qui frémit, au creux de leurs mains. Mais voilà qu'il s'envole parce que Victor dit d'un ton sec :

« Il faut partir, père. Avec moi. »

Son père se tait.

Une sorte d'euphorie passe dans les veines de Victor, lui picote la peau.

« “Elle” ne reviendra que demain, n’est-ce pas ? Eh bien, demain, nous serons loin, grâce à l’argent de Lilas Zénith... »

Son père se tait.

« On montera à Paris... Qui peut te retrouver à Paris ? Tu changeras de nom, tu...

— C’est impossible. »

« Impossible » ? Mais ce mot ne veut rien dire !

« Tu n’as pas compris, Victor, que c’est comme si j’étais mort, pour de bon ?

— Non, non, je n’ai pas compris. »

Victor a l’impression que son cœur se déchire, comme la gaze qu’on arrache d’une blessure. Et cela lui fait mal.

« Tu sais, Victor, maintenant... Je n’existe plus que pour “elle”...

— Et pour moi, Père, et pour moi ! »

Il crie à tue-tête : « Pour moi, pour moi, pour moi ! » tandis que des larmes brusques lui brûlent les yeux, lui brûlent les joues.

Et la pluie qui trépigne sur le toit scande de sa voix précipitée : « Pour moi, pour moi, pour moi ! »

« Mon fils, murmure son père, mon pauvre petit garçon... »

Il l'entoure de ses bras, comme avant. Et il le berce. Il répète tout bas :

« Fils, mon fils à moi... »

Victor ferme les yeux sur ses larmes qui coulent. Il se sent tout faible, tout à coup. Tout petit. Il est engourdi entre les bras de son père.

« Je t'ai retrouvé... Je t'ai retrouvé », balbutie-t-il.

Les bras de son père se referment plus fort autour du corps maigre de Victor :

« Ce qui compte vraiment, Victor, ce n'est pas que tu m'aies retrouvé, c'est que tu m'aies cherché. »

Ils restent ainsi longtemps, sans penser à rien.

Au-dehors, la pluie continue à tomber.

« J'aimerais bien que tu joues *Le Temps des Cerises,* sur ton violon...

— Tu parles d'un violon ! »

Son père rit. Il ramasse le misérable instrument, posé dans un coin :

« Un violon fabriqué dans une boîte à cigares, tu as déjà vu ça, Victor ?

— Bien sûr que non... »

Victor rit, lui aussi.

« "Elle" s'est débrouillée pour me trouver des cordes... »

Victor ne rit plus. Il hausse les épaules. Il ne veut pas penser à « elle ».

« Tu sais, Père, je vais te faire mon numéro, avec les cartes.

— Si tu veux... »

Son père accorde le violon qui miaule. Victor dispose ses cartes sur la pierre du moulin. Son cœur bat plus vite, comme avant d'entrer en scène, pour de vrai...

Il ne veut plus penser à ce qui se passera demain ou après-demain. Pourquoi prévoir puisque l'avenir réussit toujours à vous surprendre ?

Ce qui compte, c'est le présent, même si c'est un pauvre présent...

Demain ? On verra bien.

Tremblotantes, les notes du *Temps des Cerises* voltigent dans la pièce.

L'on dirait des oiseaux captifs dont on a ouvert la cage, un instant, et qui, dans leur vol maladroit, heurtent les murs de leurs ailes.

18

La fin du voyage ?

Victor a froid.

Il s'est assis sur le banc de bois de la salle d'attente. Sa veste trempée lui transit le dos. Un poêle ronfle, dans un coin : il ne songe même pas à s'en approcher.

Les mains dans les poches, il touche, du bout des doigts, ce qui est toute sa fortune : un revolver volé, un jeu de cartes, quelques billets de banque. Comme s'il voulait s'assurer qu'il possède bien quelque chose. Qu'il n'est pas tout seul.

Seul.

C'est un mot qui tombe, comme une larme. Ou qui sonne, comme un glas.

Seul.

Son père a refusé de l'accompagner. Que lui reste-t-il, maintenant ?

Rien...

Il a marché à pas lourds, dans l'aube noire striée par la pluie, jusqu'à la gare. Il a marché pendant des kilomètres. Le bourg est loin de Beaupoix. Il ne lui semblait pas si loin, quand il est venu.

Son père a refusé de l'accompagner.

Il ne lui restait plus qu'à partir.

Victor regarde ruisseler la pluie. Il ne peut pas pleurer. Il sait qu'il ne pleurera plus jamais.

Il voit l'ombre lourde de la locomotive et le jet de vapeur qu'elle crache, avec un long soupir, dans le jour qui se lève.

Victor sort de la salle d'attente. Il est incapable de dire s'il y a du monde ou pas, sur le quai. Il marche, les yeux mi-clos, sous la pluie qui l'aveugle. Il longe le quai, à la recherche d'un wagon de troisième classe.

Il va s'asseoir, voilà, il va s'asseoir. Il va rester dans son coin, comme un sac de pommes de terre. Et il ne va plus penser à rien, jusqu'à Paris.

S'il se met à penser, il est perdu.

Il empoigne la barre de fer, pour escalader le marchepied. Et il se retourne. Malgré ses bonnes résolutions, il se retourne. Il y a des gens qui peuvent partir sans se retourner, d'autres pas. Voilà tout.

Et il voit l'homme. Il court, parmi les voyageurs. Il porte une besace sur l'épaule. Et il regarde autour de lui, en se mordant les lèvres.

S'il ne pleuvait pas à verse, tout le monde le remarquerait.

« Père ! » dit Victor.

Tout son sang lui reflue jusqu'au cœur, avec une envie de pleurer qui devient une sorte de rire lorsqu'il redit :

« Père... »

Ils sont assis côte à côte. Ils ne se parlent pas. Ils ont tout leur temps, maintenant.

Le train se traîne dans le paysage détrempé. Et lorsqu'un voyageur, assis en face d'eux, leur pose une question, ils sursautent, comme arrachés à un rêve. Et ils ne répondent rien.

La pluie, peu à peu, se fait plus légère. L'horizon s'ouvre. La plaine devient plus ample. On voit des villages, de loin en loin, et parfois, une grande maison tout au bout d'un grand pré.

Est-ce que Victor rêve ? Un cheval piaffe et rue,

dans l'herbage. Sa crinière est rouge, sur le gris du ciel, pareille aux cheveux dénoués de l'amazone vêtue de noir qui le monte.

Le cheval emporte sa cavalière, au galop. Ils disparaissent derrière les arbres nus.

Victor détourne les yeux.

Quelque chose de lourd pèse contre son épaule : la tête de son père endormi. Il lui chuchote très bas à l'oreille :

« Dors, Père, la guerre est finie. »

La guerre est finie...

Est-ce que cela veut dire que la vie commence, pour de vrai ?

Dans une petite gare le train s'arrête. Son sifflement strident ne réveille pas le dormeur.

La gare est un cube, posé sur le bord de la route... Victor regarde le quai, au-delà de la vitre sale : il est rejeté d'une bourrade dans le passé : le sergent, la femme au seau de vin, les gendarmes... Antoine Robin... Où sont-ils maintenant ?

Et Dupin ?

« Dupin... »

Pauvre Dupin, avec ses jambes aussi maigres que des baguettes de tambour et ses sabots trop grands... Comme ce gamin, tiens, qui balaie le quai sans entrain excessif. Comme ce gamin...

« Dupin ! »

Victor saute sur le quai. Et Dupin court vers lui en traînant son balai.

« Victor ! J'croyais bien qu'tu m'avais laissé tomber !

— Et toi ? Tu... Tu n'es pas mort ?

— C'était moins une... Et maintenant, on m'a collé en apprentissage... à la gare ! Tu parles d'une rigolade ! »

Ce n'est pas drôle, mais Victor rit, à perdre haleine.

Un long coup de sifflet, un brusque crachat de vapeur :

« En voiture !

— Pose ton balai ! dit Victor à Dupin.

— Quoi ?

— Ne discute pas. Pose ton balai. »

Le train a un bref mouvement en avant, comme un attelage qui va s'élancer.

Victor attrape Dupin par la main. Le chef de gare agite son drapeau rouge. Il leur tourne le dos.

Victor entraîne Dupin en courant à toutes jambes. Ils grimpent dans le wagon. Le train s'ébranle. Ils se tassent sur la banquette. Le train prend de la vitesse.

« On t'emmène à Paris, Dupin. Tu viens avec nous.

— Alors... »

Dupin reprend sa respiration.
« Alors... T'as retrouvé ton père, Victor ? »
Victor regarde l'homme endormi, pareil à un vieil enfant las.
« Peut-être, dit-il à voix basse, peut-être. »

Post-Scriptum

Je n'ai jamais connu mon grand-père. Il a été tué le 9 octobre 1915, par un éclat d'obus, au lieu dit la Main de Massiges, en Champagne. Il avait quarante-deux ans.

Je n'ai jamais connu mon grand-père, mais il a toujours été là.

Avec nous. Avec moi.

Grâce à ses photos (et celle où il est particulièrement beau, coiffé de son bicorne de polytechnicien, m'a suivie de déménagement en déménagement), et par la magie du souvenir. J'étais très proche de ma grand-mère ; elle me parlait de lui. Beaucoup. À tel point que je crois me voir, petite, sur les genoux de Grand-père, tirant à pleines mains ses moustaches ou lui écrasant la figure entre mes paumes, avec cette frénésie affectueuse des enfants ; les rides du rire plissent ses yeux très bleus...

Il m'a manqué.

J'ai dans ma mémoire inventée une image très nette : celle où la Mort le frappe en pleine tête ; il tombe, alors, et là, ses yeux s'ouvrent avec une effrayante stupeur.

Peut-être (sans que je m'en doute), est-il venu me consoler en se glissant dans la peau du grand-père de Liselor, quand j'ai écrit mon premier roman... ? C'est bien possible... mais qu'il ait suscité le deuxième est absolument certain. J'avais tellement entendu parler de la Grande Guerre, elle m'avait tellement poursuivie, accompagnée, hantée, dirais-je, que j'ai fini par en faire une histoire : PROMENADE PAR TEMPS DE GUERRE.

Une phrase de mon père en a été l'étincelle :

— J'ai toujours attendu qu'il revienne..., m'a-t-il dit.

Cette réflexion si poignante chez un homme de soixante-dix ans passés, évoquant un père inconnu qui lui avait désespérément fait défaut, a été le point de départ du roman. Mais, au lieu d'imaginer le retour du père, j'ai fait partir le fils. Je ne sais pas pourquoi. C'est ainsi. Peut-être parce que j'aime les personnages actifs et décidés. Je l'ai appelé Victor ; ça se portait à l'époque... quoique... un prénom pareil ne peut pas être anodin ! Il a sûrement influencé mon personnage et le déroulement de l'histoire.

Parce que j'aime, en écrivant, rester au plus près de ce que j'ai connu, éprouvé, ou compris (petite fille, j'ai vécu l'absence de Papa pendant les guerres d'Indochine ou d'Algérie), j'en ai fait un « civil » balloté par des événements qui le dépassent et dont il pâtit par ricochets, sans toujours se les expliquer. Je n'ai pas voulu raconter la guerre au sens cru du mot.

Décrire une bataille – malgré toutes celles vues sur les vieilles bandes d'actualité, et la documentation absorbée pour mon roman – m'aurait paru une démarche frivole, malhonnête et, à la limite, un manque de respect pour ceux qui ont laissé leur peau dans cette boucherie. Je n'ai pas traversé cet enfer, comment aurais-je osé en parler ? Mais ce qu'endure Victor... au fond, je l'ai vécu ! Je pouvais le raconter...

*

Après avoir écrit PROMENADE PAR TEMPS DE GUERRE, je suis allée rendre visite à mon grand-père. Il est enterré dans un cimetière militaire parmi les milliers de soldats tués lors des offensives de Champagne, en

1915 et en 1916. En me recueillant sur sa tombe, je lui ai parlé de mon livre.

C'était en novembre, mais il faisait très beau et, tout à coup, le canon a tonné dans le ciel bleu (le cimetière est proche d'un champ de manœuvres), il a tonné comme ce jour-là, comme le 9 octobre 1915. J'ai eu l'impression d'une espèce de réponse...

Comme si mon grand-père me disait merci.

Pour ces hommes tombés au champ d'honneur – ou d'horreur – il y a eu les discours, les sonneries aux morts, les battements de tambour. Et les monuments élevés au cœur de toutes les agglomérations. Et le Soldat inconnu, couché sous l'Arc de triomphe. Et les défilés. Et les larmes...

Alors, parmi tout ça, j'ai glissé mon livre. Mon petit livre. Le seul cadeau que je pouvais encore leur faire. Je l'ai dédié à mon grand-père, et à eux tous.

***

Neuilly, le 24 août 1997

TABLE

« Pour l'éditeur, le principe est d'utiliser des papiers composés de fibres naturelles, renouvelables, recyclables et fabriquées à partir de bois issus de forêts qui adoptent un système d'aménagement durable. En outre, l'éditeur attend de ses fournisseurs de papier qu'ils s'inscrivent dans une démarche de certification environnementale reconnue. »

Édité par la Librairie Générale Française – LPJ
(43 quai de Grenelle, 75905 Paris Cedex 15)

Composition JOUVE
N° 2059812K

Achevé d'imprimer en Italie par ROTOLITO LOMBARDA
Dépôt légal 1re publication avril 2013
32.3645.2/01 – ISBN : 978-2-01-323645-4

Loi n° 49-956 du 16 juillet 1949 sur les publications destinées à la jeunesse.
Dépôt légal : avril 2013